GESTOR FAZENDÁRIO E A ADMINISTRAÇÃO TRIBUTÁRIA DO ESTADO DE MINAS GERAIS

RAQUEL DIAS DA SILVEIRA

GESTOR FAZENDÁRIO
E A ADMINISTRAÇÃO TRIBUTÁRIA
DO ESTADO DE MINAS GERAIS

Belo Horizonte

2012

© 2012 Editora Fórum Ltda.

É proibida a reprodução total ou parcial desta obra, por qualquer meio eletrônico, inclusive por processos xerográficos, sem autorização expressa do Editor.

Conselho Editorial

Adilson Abreu Dallari
Alécia Paolucci Nogueira Bicalho
Alexandre Coutinho Pagliarini
André Ramos Tavares
Carlos Ayres Britto
Carlos Mário da Silva Velloso
Cármen Lúcia Antunes Rocha
Cesar Augusto Guimarães Pereira
Clovis Beznos
Cristiana Fortini
Dinorá Adelaide Musetti Grotti
Diogo de Figueiredo Moreira Neto
Egon Bockmann Moreira
Emerson Gabardo
Fabrício Motta
Fernando Rossi

Flávio Henrique Unes Pereira
Floriano de Azevedo Marques Neto
Gustavo Justino de Oliveira
Inês Virgínia Prado Soares
Jorge Ulisses Jacoby Fernandes
Juarez Freitas
Luciano Ferraz
Lúcio Delfino
Marcia Carla Pereira Ribeiro
Márcio Cammarosano
Maria Sylvia Zanella Di Pietro
Ney José de Freitas
Oswaldo Othon de Pontes Saraiva Filho
Paulo Modesto
Romeu Felipe Bacellar Filho
Sérgio Guerra

Luís Cláudio Rodrigues Ferreira
Presidente e Editor

Revisão: Marcelo Belico
Bibliotecária: Luciana Gonçalves – CRB 2863 – 6ª Região
Capa, projeto gráfico: Walter Santos
Diagramação: Reginaldo César de Sousa Pedrosa

Av. Afonso Pena, 2770 – 15º/16º andares – Funcionários – CEP 30130-007
Belo Horizonte – Minas Gerais – Tel.: (31) 2121.4900 / 2121.4949
www.editoraforum.com.br – editoraforum@editoraforum.com.br

S587g   Silveira, Raquel Dias da

            Gestor fazendário e a administração tributária do estado de Minas Gerais / Raquel Dias da Silveira. – Belo Horizonte : Fórum, 2012.

            100 p.
            ISBN 978-85-7700-621-2

            1. Direito administrativo. 2. Direito da função pública. 3. Direito constitucional. I. Título.

            CDD: 342.06
            CDU: 342.98

Informação bibliográfica deste livro, conforme a NBR 6023:2002 da Associação Brasileira de Normas Técnicas (ABNT):

SILVEIRA, Raquel Dias da. *Gestor fazendário e a administração tributária do estado de Minas Gerais*. Belo Horizonte: Fórum, 2012. 100 p. ISBN 978-85-7700-621-2.

SUMÁRIO

LISTA DE QUADROS..7

APRESENTAÇÃO..9

1   CONSULTA 11

2   QUESITOS 13

3   PARECER..15
3.1   *Système de la carrière* e *système de l'emploi* 15
3.2   *Système de la carrière* e princípio da carreira 18
3.2.1   Garantia da carreira no direito comparado 20
3.2.2   Significado técnico de carreira e identificação da carreira
fazendária do Estado de Minas Gerais – Resposta ao quesito 1..........23
3.3   Reestruturação de carreiras..29
3.3.1   Limite formal e limites materiais para alteração do regime
jurídico estatutário do servidor público – Resposta ao quesito 2........29
3.3.2   Exame de legitimidade formal e constitucionalidade material
do enquadramento dos servidores da carreira fazendária do
Estado de Minas Gerais pela Lei Ordinária nº 15.464/2005 –
Resposta ao quesito 3 34
3.3.3   Reestruturação de carreiras e direito público subjetivo à
profissionalização – Resposta ao quesito 4 37
3.4   Consequências da reestruturação promovida pela Lei
Ordinária nº 15.464/2005 para o gestor fazendário.....................42
3.4.1   *Status* de autoridade fiscal e competências – Resposta aos
quesitos 5 e 6 42
3.4.2   Proposta de alteração de Lei nº 15.464/2005 apresentada pelo
SINFFAZ/MG – Resposta aos quesitos 7 e 8 47

4   CONCLUSÃO 53

REFERÊNCIAS 57

ANEXOS

ANEXO A – Lei nº 118, de 26 de dezembro de 1947..61
ANEXO B – Lei nº 20, de 30 de outubro de 1947..65
ANEXO C – Lei nº 6.762, de 23 de dezembro de 1975.......................................69
ANEXO D – Lei nº 15.464, de 13 de janeiro de 2005..85

LISTA DE QUADROS

QUADRO 1 – Quadro permanente de tributação, fiscalização e arrecadação do Estado de Minas Gerais (TFA 1)........................26
QUADRO 2 – Quadro permanente de tributação, fiscalização e arrecadação do Estado de Minas Gerais (TFA 2).......................27
QUADRO 3 – Quadro permanente de tributação, fiscalização e arrecadação do Estado de Minas Gerais (TFA 3).......................27

APRESENTAÇÃO

A obra sintetiza Parecer elaborado pela autora a pedido do Sindicato dos Técnicos em Tributação, Fiscalização e Arrecadação de Minas Gerais (SINFFAZ), sobre estudo de "Carreira do Gestor Fazendário, antes e após a Lei Estadual nº 15.464/2005".

No primeiro contato com o Sindicato, narraram-se fatos que denotam desvalorização profissional da carreira do Gestor Fazendário, antigo Técnico de Tributos Estaduais, após a revogação da Lei Estadual nº 6.762/1975 pela Lei vigente, destacando-se perda de atribuições.

Apresentaram, para fins de análise, legislações e outros documentos que demonstram a origem da carreira de Gestor e suas transformações, e o chamado Projeto para Incremento da Arrecadação do Estado de Minas Gerais, que o Consulente e a Associação dos Exatores do Estado de Minas Gerais (ASSEMINAS) colocaram à disposição do Governador do Estado e do Secretário de Estado de Fazenda.

O referido projeto havia sido desconsiderado por entendimento do Ministério Público de que configurava provimento derivado vertical por acesso, o que o próprio Consulente chegou a considerar verdadeiro.

Após alguns meses de estudo, que teve por marco a proteção da Constituição da República de 1988 ao princípio da carreira e a identificação deste com o regime jurídico estatutário, concluiu-se que a Lei Estadual nº 15.464/2005, ao dividir a carreira fazendária — antes unificada —, em "carreiras" de Auditor Fiscal da Receita Estadual e Gestor Fazendário, apresenta vício de legitimidade formal e inconstitucionalidades materiais, destacando-se ofensa ao direito adquirido do servidor às atribuições para as quais se vincula, em caráter efetivo, por concurso público de provas ou de provas e títulos.

O estudo extrai por consequência que mencionado Projeto para Incremento da Arrecadação, em verdade, propugna o retorno ao *status quo* de 1975, mediante reunificação formal da carreira fazendária mineira, não se identificando com o provimento derivado por acesso, que esta mesma autora entende e defende como compatível com a Constituição da República de 1988.[1] Ainda que defensável o ingresso de Gestor Fazendário na "carreira" de Auditor Fiscal da Receita Estadual, núcleos de competências materialmente similares e complementares, com mesmo nível de escolaridade e remuneração proporcional, como hodiernamente tem legitimado o próprio Supremo Tribunal Federal, sob denominações variadas como "agrupamento de cargos", "enquadramento", "reestruturação de carreiras" etc., não é, efetivamente, o que o Consulente e a ASSEMINAS propuseram. Pleiteou-se a criação de novo cargo, Analista Fiscal da Receita Estadual, no qual o Gestor seria reenquadrado, retornando à carreira primitiva, sem se falar em movimentação do servidor e ascensão funcional para o cargo de Auditor Fiscal da Receita Estadual.

Em 20.8.2012, o Conselho Superior do Ministério Público do Estado de Minas Gerais esclareceu que a recomendação do órgão para que o Executivo Estadual se abstivesse de realizar prática de acesso foi genérica, não se reportando ao Projeto que analisei.

O Consulente solicitou autorização para publicação do Parecer, permitida pela autora, sendo nesta obra acompanhado das principais legislações a que o estudo se refere.

Espera-se que o trabalho auxilie, de alguma forma, esses e outros servidores, favorecendo, preferencialmente, mecanismos de diálogo e pacificação de conflitos de trabalho com o poder público.

De Curitiba para Belo Horizonte, 17 de setembro de 2012.

Professora Doutora Raquel Dias da Silveira

---

[1] Cf. SILVEIRA. *O acesso funcional dos servidores públicos e a Constituição de 1988*: parâmetros para compatibilização.

CONSULTA

O Sindicato dos Técnicos em Tributação, Fiscalização e Arrecadação do Estado de Minas Gerais (SINFFAZ) honra-me com consulta sobre questões afetas à carreira de Gestor Fazendário (GEFAZ), narrando hipóteses de desvalorização profissional, com perda de atribuições, ao longo do tempo.

Relata que, quando da vigência da *Lei Ordinária nº 6.762/1975*, o art. 4º concedia aos atuais Gestores Fazendários (GEFAZ) exercício de atividades de fiscalização, tributação e arrecadação, inclusive de lançamento do crédito tributário, nos termos do art. 201 do Código Tributário Estadual (Lei Complementar nº 6.763/1975), em sua redação original.

A mesma Lei, no art. 13, previu como classes da carreira fazendária do Estado de Minas Gerais as de *Assistente de Tributação e Arrecadação (ATA)*, Agente de Tributação e Fiscalização (ATF) e Técnico de Tributação e Fiscalização (TTF), cujas atribuições foram definidas pela Resolução nº 527/1976.

Posteriormente, por meio da Lei Ordinária nº 8.178/1982, as classes de Agente de Tributação e Fiscalização (ATF) e de Técnico de Tributação e Fiscalização (TTF) foram transformadas, respectivamente, em Agente Fiscal de Tributos Estaduais (AFTE) e Fiscal de Tributos Estaduais (FTE).

Em seguida, Lei Delegada nº 4/1984 criou a classe de Assistente Fazendário (AF), especificada pela Resolução nº 1.499/1986. Cinco anos depois, *Lei Ordinária nº 9.754/1989* transformou as classes de Assistente de Tributação e Arrecadação (ATA) e Assistente Fazendário (AF) em apenas uma, a de *Assistente Técnico Fazendário (ATF)*, a seu turno, descrita pela Resolução nº 2.011/1990.

Por meio das disposições finais da *Lei Delegada n° 60/2003*, a classe de Assistente Técnico Fazendário (ATF) foi transformada em *Técnico de Tributos Estaduais* (TTE). Na sequência, Lei Ordinária nº 14.699/2003 alterou alguns dispositivos da Lei Complementar nº 6.763/1975 (Código Tributário Estadual), entre eles o art. 201, ao qual se acrescentou o §1º, que contemplou como competência exclusiva de Agentes Fiscais de Tributos Estaduais (AFTE) e Fiscais de Tributos Estaduais (FTE) atividades de fiscalização e lançamento de crédito tributário, excluindo-se os Técnicos de Tributos Estaduais (TTE).

Reestruturação, levada a cabo pela *Lei Ordinária nº 15.464/2005*, dividiu a carreira fazendária, antes uma única carreira composta por três classes, em quatro carreiras distintas da Secretaria de Estado de Fazenda, sendo duas delas pertencentes ao Grupo de Tributação, Fiscalização e Arrecadação. A antiga classe de Técnico de Tributos Estaduais (TTE), que compunha a mesma carreira de Agente Fiscal de Tributos Estaduais (AFTE) e de Fiscal de Tributos Estaduais (FTE), passou a integrar carreira separada destes. As classes de Agente Fiscal de Tributos Estaduais (AFTE) e Fiscal de Tributos Estaduais (FTE) foram transformadas na carreira de Auditor Fiscal da Receita Estadual (AFRE), enquanto a de Técnico de Tributos Estaduais (TTE) compôs isoladamente a carreira de *Gestor Fazendário (GEFAZ)*. O que eram classes de uma única carreira, em 1975, na vigência da Lei Ordinária nº 6.762, transformaram-se em carreiras autônomas e separadas com a Lei Ordinária nº 15.464/2005. A partir dessa data, segundo o Consulente, a Administração Pública passou a distinguir tratamento diferenciado entre Auditor Fiscal da Receita Estadual (AFRE) e Gestor Fazendário (GEFAZ).

Objetivando recuperar atribuições originárias de Gestor Fazendário (GEFAZ), que se perderam com o passar dos anos em decorrência de sucessivos atos dos Poderes Legislativo e Executivo, o Sindicato dos Técnicos em Tributação, Fiscalização e Arrecadação do Estado de Minas Gerais (SINFFAZ) elaborou proposta de alteração da Lei Ordinária nº 15.464/2005.

Preocupado com a deterioração da carreira de seus filiados, solicita parecer e formula os quesitos descritos a seguir.

QUESITOS

1 Qual o significado de carreira? As classes previstas na Lei Ordinária nº 6.762/1975 (TTE, AFTE e FTE) compunham realmente uma única carreira da administração tributária? Mesmo após a Lei Ordinária nº 15.464/2005 é possível compreender Auditor Fiscal da Receita Estadual (AFRE) e Gestor Fazendário (GEFAZ) como integrantes de única carreira fazendária? Há relação de afinidade, similitude e complementaridade entre suas atribuições?

2 Existem limites à modificação de atribuições de servidores públicos regidos pelo regime estatutário? Na vigência da Constituição de 1988 são constitucionais atribuições de cargos públicos criadas por decretos, resoluções, ordens de serviço e acordos de trabalho? Existindo limites, quais seriam eles?

3 Na reestruturação promovida pela Lei Ordinária nº 15.464/2005 houve legal e adequado enquadramento das classes que compunham a antiga carreira fazendária do Estado de Minas Gerais?

4 A reestruturação referida no quesito anterior seguiu as diretrizes do art. 5º, da Emenda nº 57/2003 da Constituição Mineira, posteriormente regulamentado pelo Decreto nº 43.576/2003? O modelo proposto por essa lei atende ao princípio da carreira e ao mandamento constitucional de profissionalização da função pública (art. 39, *caput*, da Constituição da República de 1988)?

5 Qual a correta interpretação do Anexo II, item II.2, letras "b" e "c" da Lei Ordinária nº 15.464/2005? Qual o conteúdo das atribuições previstas para Gestores Fazendários (GEFAZ)? O Decreto nº 43.981/2005 retira a competência relativa ao lançamento do ITCD do Gestor Fazendário (GEFAZ)? Em caso positivo, é constitucional esse decreto?

6 Mesmo na atual sistemática da Lei Ordinária nº 15.464/2005, o Gestor Fazendário (GEFAZ) pode ser considerado "autoridade fiscal"?

7 Sob o prisma do interesse público e da legalidade, a reunificação formal da carreira da administração tributária do Estado de Minas Gerais e a devolução das atividades de fiscalização e compartilhamento do lançamento do crédito tributário aos Gestores Fazendários (GEFAZ) é medida que melhor atende à eficiência administrativa?

8 A proposta a que se refere o quesito anterior representa provimento derivado vertical por acesso?

À vista desses quesitos, da análise dos documentos apresentados e do cotejo dos fatos com os aportes doutrinários e jurisprudenciais sobre o tema, passo a expor o Parecer.

PARECER

3.1 Système de la carrière e système de l'emploi

O direito da função pública francês, que notoriamente influenciou o direito da função pública no Brasil, resultado mesmo de considerável influência do direito continental sobre o direito administrativo brasileiro, em geral,[1] parte da dicotomia entre *système de la carrière* e *système de l'emploi*,[2] também conhecidos como "sistema aberto" e "sistema fechado".

Esses dois sistemas estão presentes no ordenamento de diversos países, auxiliando a interpretação de vínculos jurídicos da função pública em sentido orgânico ou subjetivo, isto é, o conjunto de agentes públicos que sob relação profissional prestam serviços ao Estado.[3] Destarte, para compreensão de qualquer questão jurídica relacionada ao trabalho público é preciso antes analisar esses dois sistemas.

Système de la carrière, predominante na função pública francesa,[4] como o próprio nome sugere, é aquele em que agentes públicos são

---

[1] É o que mostra a mais consagrada doutrina de Celso Antônio Bandeira de Mello (*Curso de direito administrativo*, p. 38) e Maria Sylvia Zanella Di Pietro (*Direito administrativo*, p. 25).

[2] Cf. AUBY *et al. Droit de la fonction publique*: État, collectivités locales, hôpitaux, p. 11.

[3] Ana Fernanda Neves apresenta, em sentido amplo, a locução função pública como as relações de trabalho estabelecidas com uma pessoa coletiva integrada na Administração Pública, ou com um ente público, em que um indivíduo disponibiliza, mediante remuneração, sua atividade sob direção e autoridade do Estado, cujas disciplinas jurídicas podem ser estatutária ou trabalhista, ambas, todavia, assentadas num mínimo denominador comum de regime jus-publicista. Cf. NEVES. O direito da função pública. *In*: OTERO; GONÇALVES (Coord.). *Tratado de direito administrativo especial*, v. 4, p. 358.

[4] A própria preferência da doutrina brasileira pelo regime jurídico unilateral ou estatutário, como nos mostra Antonio Augusto Junho Anastasia — com fundamento em Themistocles

recrutados para trabalhar na administração de modo permanente, com oportunidade de realizar carreira. Desse sistema, extraem-se algumas consequências, sendo a principal delas o fato de o servidor não ser recrutado para cargo específico e isoladamente considerado.

O servidor é recrutado para "corpo",[5] no qual os integrantes podem receber variadas atribuições. Ou seja, no curso da carreira, o servidor poderá transitar normalmente pelo conjunto de atribuições típicas de seu "corpo" ou, por força do princípio da mobilidade, para atribuições reservadas a "corpo" distinto.

Miguel Sánchez Morón[6] explica que, atualmente, a ideia de "corpo" perdeu o significado social e jurídico que teve em outra época. Segue, não obstante, referindo-se ao conjunto de servidores que se identificam profissionalmente. A especialidade profissional é a chave para o entendimento de "corpo" e, consequentemente, do *système de la carrière*.

Éliane Ayoub,[7] aduzindo o art. 2º do Decreto de 24 de julho de 1947, explicita que formam mesmo "corpo" os servidores que, submetidos a mesmo estatuto, possuem mesmo grau e padrão para eventual avanço funcional.

Essa flexibilidade do servidor na carreira não se dá, entretanto, pelo simples ânimo ou querer pessoal do agente em relação a determinado posto, mas em razão de suas qualidades e aptidões para exercê-lo, isto é, pelo que se conhece por mérito,[8] tema caro à gestão de competências nas organizações.

Brandão Cavalcanti, Theo Escobar, Donaldo Percy Jaña y Montenegro, Oswaldo Aranha Bandeira de Mello, Celso Antônio Bandeira de Mello, Diogo de Figueiredo Moreira Neto e Márcio Cammarosano — é o mais forte vestígio da influência francesa na construção do direito da função pública no Brasil. Cf. ANASTASIA. *Do regime jurídico único do servidor público civil*, f. 15-21.

[5] André de Laubadère diz que no sistema dito de carreira o agente público, uma vez recrutado, passa a ser membro de um "corpo" ou de um quadro organizado e hierarquizado, em que ascende em "escalas". Na verdade, a ideia de "corpo", como organismo, tem suplantado a terminologia "quadro" na função pública francesa. O mesmo autor explica que os servidores são hoje essencialmente agrupados em "corpos". A Lei de 4 de fevereiro de 1959, art. 17, define "corpo" como o grupo de servidores submetidos ao mesmo estatuto particular e aspirantes aos mesmos "graus". Os "corpos" são considerados em si mesmos um planejamento interno mais ou menos diferenciado segundo características do serviço. O grau inerente à organização do "corpo" é definido pela mesma Lei de 1959, art. 28, como o título conferido a seus beneficiários com vocação de ocupar um dos postos que lhes são reservados. Isso significa que, num "corpo", os graus são instituídos em relação a diferenciação e hierarquia de postos, quer dizer, com base nas tarefas. Mas o grau não se confunde com o posto; o grau se constitui não numa função, mas num título do servidor, definindo sua posição na hierarquia. Cf. LAUBADÈRE. *Traité de droit administratif*, v. 2, p. 39.

[6] SÁNCHEZ MORÓN. *Derecho de la función pública*, p. 155.

[7] AYOUB. *La fonction publique en vingt principes*, p. 76.

[8] No direito brasileiro, Leonardo Carneiro Assumpção Vieira define "merecimento" como princípio jurídico que implica justiça distributiva, mediada pelo direito, em face de inúmeros

Servidores submetidos ao *système de la carrière* são recrutados para o serviço público mediante concurso público de provas ou de provas e títulos, destinado a avaliar o mérito objetivo atual — requisitos de idoneidade moral, técnica, operacional e intelectual que configuram critérios de seleção da Administração. A relação de trabalho existente entre o Estado e esses indivíduos, uma vez incorporados à função pública, rege-se por vínculo de direito público, de natureza especial, legal ou estatutária.

O *système de la carrière* inicia-se por recrutamento amplo, estende-se ao longo de toda a trajetória profissional do servidor, somente se encerrando com o ato jurídico perfeito da aposentadoria. Esse sistema permite que o servidor possa, continuamente, melhorar sua situação financeira e assumir encargos de maior hierarquia, também com fundamento no merecimento, ou melhor, no mérito objetivo potencial, que, diuturnamente, pode ser conquistado pelo servidor por meio da constante profissionalização.

Em senda contrária, no *système de l'emploi*, típico de países como Estados Unidos, Canadá e Itália, o servidor é recrutado para posto específico, sem que sua situação possa se modificar com o tempo.

O vínculo jurídico do servidor submetido ao *système de l'emploi* é contratual, podendo o contrato ser tanto de direito público como de direito privado.[9] Em todos os casos, o agente permanece na administração no prazo de validade do contrato, salvo se houver renovação ou celebração de vínculo diverso.

A principal característica do *système de l'emploi* é que, ao longo da execução do contrato de trabalho, embora o servidor possa gozar de progressões financeiras, ele não evolui profissionalmente. Só um novo contrato poderá confiá-lo ao exercício de atribuições de maior importância.

Por exercício de direito comparado pode-se afirmar que o constituinte brasileiro elegeu os dois sistemas. Ambos coexistem na função pública brasileira, sendo o primeiro, o *système de la carrière*, exigido para servidores da Administração direta, autarquias e fundações de direito público (art. 39, CR/88, lembrando que, no julgamento da ADI nº 492,[10] o Supremo Tribunal Federal entendeu ser o conteúdo do regime jurídico único o regime estatutário), e o segundo, o *système de l'emploi*, obrigatório em sociedades de economia mista e empresas públicas (art. 173, §1º, II, CR/88).

---

bens sociais pelos quais a comunidade política interessa-se pelos critérios com que são distribuídos, tais como cargos públicos efetivos. Cf. VIEIRA. *Merecimento na administração pública*: concurso público, avaliação de desempenho e política pública de pessoal, p. 149-155.

9 Cf. AUBY et al. *Droit de la fonction publique*: État, collectivités locales, hôpitaux, p. 13.
10 STF. ADI nº 492/DF, Pleno. Rel. Min. Carlos Velloso. Julg. 12.11.1992. *DJ*, 12 mar. 1993.

Em interpretação meramente literal do art. 37, II, CR/88, o intérprete pode, a princípio, pensar que no Brasil, ao contrário da França, o servidor público é recrutado mediante concurso para exercício de cargo ou emprego público específico. Contudo, a interpretação sistemática da Constituição da República de 1988 remete ao art. 39, *caput*, cuja redação originária, restabelecida pelo STF no julgamento da medida cautelar nos autos da ADI nº 2.135,[11] relaciona expressamente regime jurídico único ou regime estatutário ao sistema de carreira.

Logo, *é equívoco de interpretação constitucional supor que recrutamento ou seleção de servidores públicos mediante concurso público de provas ou de provas e títulos, por regime estatutário, faz-se para cargo ou emprego público específico. Não se faz; faz-se para determinada carreira.*

Tecnicamente falando, a ideia de posto isolado é incoerente e incompatível com o sistema de carreira e, por consequência, com o regime estatutário, eis que aquela, em sua gênese, significa escalonamento de instâncias de trabalho, conforme a complexidade das atribuições e consoante à contraprestação pecuniária paga pelo Estado ao servidor.

A própria unilateralidade do regime estatutário advém da previsão legal da carreira, sendo a definição de classes e respectivas atribuições e padrões de vencimento expressão da vontade cogente do Estado, com fundamento na autonomia de entidades políticas para organização e distribuição de competências.

Em suma, o sistema de carreira é irmão siamês do regime estatutário.

3.2 *Système de la carrière* e princípio da carreira

Benjamín Villegas Basavilbaso,[12] nos idos dos anos 1950, já explicava que, por razões de interesse público, que se traduzem em interesse legítimo do agente, a continuidade do serviço por ele prestado não é estática, mas dinâmica.

---

[11] STF. ADI nº 2.135-MC/DF, Pleno. Rel. Min. Néri da Silveira. Rel. p/ acórdão Min. Ellen Gracie. Julg. 2.8.2007. *DJe*, 07 mar. 2008.

[12] Defendia Benjamín Villegas Basavilbaso que a carreira não é propriamente um direito subjetivo, mas um interesse difuso de todos os agentes que se encontram em condições de acesso a postos de trabalho superiores. Considerando que a efetivação do acesso é um ato discricionário do administrador, o autor defende ser este um interesse legítimo dos que estão em condição de ser promovidos, mas não exatamente um direito subjetivo (*Derecho administrativo*, v. 3, p. 476). Parece-nos que, no ordenamento constitucional brasileiro, art. 39, *caput*, o constituinte previu a carreira como obrigação pública e direito público subjetivo do servidor que se encontra apto ao seu exercício. Cf. SILVEIRA. *Profissionalização da função pública*, p. 96.

Quer dizer, a hierarquia, imanente em relação à organização administrativa, pressupõe escala em graus de encargos públicos, na qual o agente, gradualmente, em *movimento sincrônico ascensional*, muda de atribuições, adquire novas competências e assume responsabilidades mais complexas, obtendo por consequência tratamento econômico distinto.

Jean-Marie Auby[13] explica a carreira como desenvolvimento no tempo da situação administrativa do servidor, após recrutamento até o fim de sua atividade profissional. Tabrizi Ben Salah[14] complementa que, uma vez nomeado e empossado em caráter efetivo, o servidor entra definitivamente na função pública para realizá-la, beneficiando-se das mesmas perspectivas de avanço que os demais membros de seu "corpo", tendo em vista idêntica situação estatutária ou legal.

Consoante jurisprudência do Conselho de Estado, alguns princípios aplicáveis à função pública constituem extensão ou prolongamento do princípio da carreira, a exemplo do princípio da igualdade de oportunidades e proporcionalidade dos instrumentos de evolução entre servidores nela inseridos, erigido pelo direito da função pública francês à qualidade de direito fundamental, que só admite temperamento pelo princípio do merecimento.

Explica Anne Jourda-Dardaud[15] que o princípio da carreira é justamente o que afasta tratamentos discriminatórios na função pública. Se dois servidores estão no mesmo nível dela, não podem receber tratamento desigual, tanto do ponto de vista da remuneração, como de direitos e obrigações decorrentes da qualidade de servidor.

Hodiernamente, mostra Miguel Sánchez Morón,[16] a carreira é concebida mais sob perspectiva funcional, como conjunto de oportunidades de acesso e mobilidade que a lei oferece aos servidores públicos. O objetivo maior da carreira é facilitar auto realização profissional e estimular aperfeiçoamento constante do servidor. Em última análise, seu escopo é permitir que a Administração conte com pessoal cada vez mais qualificado e capacitado para as funções de que necessita. Em todo caso, o sistema de carreira implica inexoravelmente — repete-se — tanto progressão econômica e social quanto instrumento de hierarquização administrativa.

---

[13] AUBY; AUBY. *Droit de la fonction publique*: fonction publique de l'État, fonction publique territoriale, fonction publique hospitalière, p. 107.
[14] BEN SALAH. *Droit de la fonction publique*, p. 132.
[15] JOURDA-DARDAUD. *Le déroulement de la carrière dans la fonction publique*: recrutement, évolution, cessation, p. 7.
[16] SÁNCHEZ MORÓN. *Derecho de la función pública*, p. 153.

Ascensão, obviamente, deve fundar-se em critérios objetivos e impessoais previamente fixados por lei, relativos a mérito e idoneidade do servidor. Segundo Miguel Sánchez Morón,[17] com quem concordo em absoluto, tão rechaçável como abandonar o regime de carreira administrativa à discricionariedade do superior hierárquico é o acesso com base em critérios puramente formais e automáticos como antiguidade ou aquisição de títulos ou diplomas, que não necessariamente permitem identificar os mais capazes e motivados à evolução profissional.

O mesmo autor registra que, no marco da administração pública tradicional ou burocrática, a carreira do servidor rigidamente regulamentada constituía garantia ou compensação de sua identificação permanente com o Estado. A carreira favorecia imparcialidade do servidor, não submetido aos "vai e vem" inesperados da política, que se olvidavam, muitas vezes, do mérito individual, em prejuízo da eficiência administrativa. No contexto da administração pública brasileira atual, que não se pode afirmar como superação de princípios da administração burocrática, nem como identidade real com a administração gerencial, a carreira segue sendo importante instrumento de fortalecimento — não enrijecimento — da burocracia, o que se traduz, posteriormente, na própria força do Estado e na capacidade de realizar os fins que se propõe.

Ademais, Éliane Ayoub[18] mostra que o sistema de carreira, o que não ocorre com o sistema de emprego, cria na administração espírito de honra e orgulho da profissão, na medida em que servidores possuem perspectiva, garantia, confiança, estímulo e por isso submetem-se à subordinação própria da relação especial de trabalho com o poder público.

3.2.1 Garantia da carreira no direito comparado

Na França, a lei de modernização da função pública, de 2 de fevereiro de 2007, teve por objetivo facilitar progressão na carreira, desenvolver mobilidade e aumentar o intercâmbio entre administrações públicas e mesmo entre a administração pública e a administração privada.

Já há algum tempo, a administração francesa utiliza o sistema de notação para realizar o princípio da carreira.[19]

---

[17] SÁNCHEZ MORÓN. *Derecho de la función pública*, p. 152.
[18] AYOUB. *La fonction publique en vingt principes*, p. 75.
[19] A notação (que existe tanto na função pública do Estado, quanto na função pública territorial e na função pública hospitalar) corresponde à apreciação da idoneidade do servidor revelada por seu valor profissional, merecimento. Assume forma de ficha individual que comporta notas de zero a vinte, que dizem respeito a aptidões do servidor e interesse público de ele assumir funções de mesmo nível ou superior. Traduzem ainda observação

Ficha anual de notação corresponde ao dossiê do servidor, ao qual evidentemente o interessado tem acesso. A notação é em seguida comunicada à comissão paritária que pode, a requerimento do interessado, demandar à autoridade hierárquica a revisão. Carreira no ordenamento francês desenvolve-se em movimento ascensional contínuo, possibilitando ao servidor alcançar, por notas, postos sempre mais elevados.

São duas as espécies de avanço no direito francês: avanço de nível (*l'avancement d'échelon*) e avanço de grau (*l'avancement de grade*). Avanço de nível se dá em razão de antiguidade e mérito. Essa ascensão é simples passagem de um nível a outro imediatamente superior na carreira. Avanço de grau, ao seu turno, permite maior liberdade de ascensão, apreendendo melhor o valor técnico e intelectual do servidor na equipe profissional. Esse avanço é subordinado à seleção profissional ou formação de duração mínima durante a carreira. Para tais processos, prevê-se inclusive, como instrumento de formação, preparação prévia do servidor em escolas de administração pública antes da submissão aos exames.[20]

Marcello Caetano,[21] comentando o direito português, também alude o princípio da carreira como faculdade garantida por lei ao servidor que, ao ingressar num quadro, pode, segundo capacidade e tempo de serviço, ascender profissionalmente. Defende o autor que a carreira deve estar organizada de maneira não só a proporcionar à Administração servidores mais habilitados em diversas categorias, mas também de modo a dar aos que abraçam a profissão da função pública estímulo e perspectiva de melhora constante de sua situação hierárquica e econômica.

Ana Fernanda Neves[22] mostra que carreira é instrumento jurídico de ordenação de trabalhadores na Administração Pública. A autora apregoa relação de função pública, mesmo regida pelo direito público, como modalidade de trabalho público, qualificando servidores como aqueles que prestam "trabalho subordinado, em caráter contínuo, a que

---

da autoridade hierárquica sobre aspirações do servidor avaliado. Nesse diapasão, a nota atribuída ao servidor considera lugar do serviço, comportamento em equipe, pontualidade, respeito a obrigações, valor técnico etc. Da notação, exclui-se qualquer registro que não seja estritamente profissional, isto é, a pontuação atribuída não comporta convicções pessoais do superior hierárquico ou de membros da equipe de trabalho sobre o servidor. A jurisprudência do Conselho de Estado permite que a notação se faça comparando-se méritos de dois servidores no exercício da mesma função. Cf. JOURDA-DARDAUD. *Le déroulement de la carrière dans la fonction publique*: recrutement, évolution, cessation, p. 136.

[20] Cf. JOURDA-DARDAUD. *Le déroulement de la carrière dans la fonction publique*: recrutement, évolution, cessation, p. 169.
[21] CAETANO. *Manual de direito administrativo*, v. 2, p. 786.
[22] NEVES. O direito da função pública. *In*: OTERO; GONÇALVES (Coord.). *Tratado de direito administrativo especial*, v. 4, p. 486.

corresponde uma contrapartida remuneratória, e disciplinada por um mínimo denominador comum de regime jus-publicista".[23]

Segundo a autora, carreira constitui-se em referência funcional e remuneratória, na medida em que importa crescente e inerente exigência e/ou diferenciação. Ela também salienta preferência do ordenamento português pelo sistema de carreira e menciona que, em Portugal, cargos não inseridos em carreira correspondem a funções públicas específicas (por preparação técnica, confiança e responsabilidade que exigem), funções essas que serão exercidas de forma temporária e/ou precária, com possibilidade de termo a qualquer tempo.[24]

Na Espanha, Miguel Sánchez Morón explica que por meio da *Ley de Medidas*, que dispôs sobre admissão indistinta de postos de trabalho para todos os servidores públicos, o ordenamento espanhol passou do sistema fechado (*système de l'emploi*) para o aberto (*système de la carrière*).

Postos de trabalho estão reservados a servidores de "corpos" com especialidades profissionais semelhantes e afins, salvo nos casos em que a natureza da função a desempenhar implicar admissão exclusiva para determinados postos.

Em outras palavras, o servidor que ocupa "posto" (cargo) em certa "escala" (classe) de determinado "corpo" (carreira, em sentido amplo), no ordenamento espanhol, pode perfeitamente exercer posto de trabalho em "escala" ou em "corpo" semelhante, mediante correspondente processo de seleção ou promoção interna, nos termos da mesma *Ley de Medidas*.

Para participar da seleção ou promoção interna, na Espanha, é mister que o servidor possua titulação exigida pelo "corpo" superior no qual pretende ingressar, antiguidade mínima de dois anos no "corpo" onde se encontra e submissão a oposição ou a concurso de oposição, norteado pelos princípios de igualdade, mérito, capacidade e publicidade. As provas de promoção interna podem realizar-se de modo concomitante ou independente das provas de ingresso.

Enquanto França, Portugal e Espanha reconhecem concursos internos como os mais impessoais e objetivos instrumentos de garantia e promoção da carreira, no Brasil, avaliações de desempenho ora se limitam à avaliação hierárquica, ora o legislador prevê mecanismos

---

[23] NEVES. O direito da função pública. In: OTERO; GONÇALVES (Coord.). *Tratado de direito administrativo especial*, v. 4, p. 431.
[24] NEVES. O direito da função pública. In: OTERO; GONÇALVES (Coord.). *Tratado de direito administrativo especial*, v. 4, p. 488.

múltiplos e sistemáticos de avaliação,[25] olvidando-se da submissão a provas teóricas e práticas, rechaçadas como instrumentos de provimento derivado por acesso.

Além disso, enquanto o direito francês e o espanhol atualmente procuram melhores mecanismos de fortalecimento e garantia plena da carreira, com possibilidade de ascensão profissional do servidor dentro de sua classe originária e, ao final, quando no último nível desta, para classes afins, reconhecendo a mobilidade funcional como instrumento necessário de gestão de pessoas em organizações e carreira como trajetória ampla, o Brasil, desde a década de 1990, após julgamentos equivocados do Supremo Tribunal Federal em relação ao acesso funcional e à transferência, orgulha-se em afirmar como única forma legítima de se realizar carreira o provimento derivado vertical da promoção (ascensão dentro de mesma "escala" ou classe, em que o último estágio da evolução funcional, na maioria das vezes, ocorre muito antes do fim da trajetória profissional do servidor).

3.2.2 Significado técnico de carreira e identificação da carreira fazendária do Estado de Minas Gerais – Resposta ao quesito 1

Em sentido amplo, carreira corresponde a "corpo" (quadro), organizado em diversas "escalas" (classes), com funções similares, cujas atribuições relacionam-se entre si e complementam-se e cujos vencimentos também são previstos de forma sequencial.

Em sentido estrito, carreira significa conjunto de postos de trabalho (cargos) de uma única "escala" (classe) que, ao seu turno, corresponde ao agrupamento de cargos de idêntica natureza e mesmas atribuições que se escalonam conforme respectiva complexidade, com distinção de padrões de vencimento em cada nível.

A doutrina brasileira dá sentido amplo à carreira. Celso Antônio Bandeira de Mello explica: "Os cargos serão (I) de carreira quando encartados em uma série de 'classes' escalonada em função do grau de responsabilidade e nível de complexidade das atribuições".[26]

Esposada a compreensão da relação visceral entre inserção no sistema de carreira do servidor público investido em cargo público

---

[25] Como se vê na Lei Federal nº 11.784, de 22.9.2008, que dispõe sobre o Plano Geral de Cargos do Poder Executivo Federal (PGPE), regulamentando a avaliação de desempenho.
[26] BANDEIRA DE MELLO. *Curso de direito administrativo*, p. 305.

em caráter efetivo, sob regime estatutário, e respondida a primeira pergunta do quesito 1 sobre o significado técnico de carreira, passo a identificá-la no contexto da administração tributária do Estado de Minas Gerais, com base em documentos legislativos que denotam sua perspectiva histórica.

Tenho em conta, a começar, a legislação que tratou da carreira da Secretaria de Finanças do Estado de Minas Gerais, criando cargos públicos de provimento efetivo e de provimento comissionado, a Lei nº 20/1947, que dispôs sobre Fiscalização de Rendas do Estado. O art. 6º dessa Lei previu, no quadro, cargos de Auxiliar Técnico de Fiscalização, Agente Fiscal e Fiscal de Rendas. O ingresso na carreira dava-se pelo cargo de Auxiliar Técnico de Fiscalização. A Lei nº 118/1947, com redação dada pela Lei nº 345/1948, dispôs sobre Coletorias do Estado e criou, no aludido quadro, cargos de Auxiliar Técnico de Arrecadação, Escrivão e Coletor (art. 4º). O ingresso na carreira dava-se no cargo de Auxiliar Técnico de Arrecadação. A função arrecadatória do Estado competia aos três cargos da carreira.

A Lei nº 858/1951 destacou Agentes Fiscais do quadro de Fiscais de Rendas e Auxiliares Técnicos de Fiscalização. Além disso, trouxe previsão do Quadro Especial de Arrecadação de Rendas, formado por Exatores, mais tarde disciplinado pelas leis nº 1.524/1956 e nº 2.876/1963.

Em 1960, a carreira fazendária mineira foi revista pela Lei Estadual nº 2.128/1960, que criou o Quadro Geral de Inspetor de Exatoria e o Quadro de Inspetor de Fiscalização, em que foram enquadrados, respectivamente, Coletores e Fiscais de Rendas.

Outra reestruturação da carreira fazendária em Minas Gerais ocorreu em 1964, pela Lei nº 3.214/1964, posteriormente alterada pela Lei nº 4.096/1966, que organizou as carreiras de Fiscal de Rendas, Agente de Fiscalização e Exator, disciplinando a porcentagem de cada uma na *arrecadação* do Estado.

A atividade de *fiscalização* de circulação de mercadorias ficava a cargo, nessa época, da carreira de Agente de Fiscalização, disciplinada pela Lei nº 1.529/1956.

Nova reestruturação deu-se após a Reforma Federal operada pelo Decreto-Lei nº 200/1967, por intermédio da Lei Estadual nº 5.043/1968, que criou a Diretoria de Rendas, na qual *se compartilharam as funções de arrecadação e fiscalização entre os cargos de Exator, Agente de Fiscalização e Fiscal de Rendas*. Previu-se provimento das Chefias de Postos Fiscais por servidores ocupantes dos três cargos.

A carreira foi *unificada* no ano de *1975*, por meio da Lei Ordinária nº 6.762/1975, que organizou o Quadro Permanente de Tributação, Fiscalização e Arrecadação do Estado.

Essa Lei previu como Quadro Permanente de Provimento Efetivo as seguintes classes ou "escalas": Assistente de Tributação e Arrecadação *(ATA)*; Agente de Tributação e Fiscalização (ATF); e Técnico de Tributação e Fiscalização (TTF).

Nessas classes, foram enquadrados todos os cargos da administração tributária de Minas Gerais (Exatores, Agentes de Fiscalização e Fiscal de Rendas). O art. 25, §1º, da Lei Ordinária nº 6.762/1975 considerou como cargos afins às classes criadas, para fins de enquadramento:

> 1 - *Cargo de Exator, do cargo da classe de Assistente de Tributação e Arrecadação, Código TFA-1;*
>
> 2 - Cargo de Agente de Fiscalização do cargo da classe de Agente de Tributação e Fiscalização, Código TFA-2;
>
> 3 - Cargo de Fiscal de Rendas, do cargo da classe de Técnico de Tributação e Fiscalização, Código TFA-3.

No art. 2º, II, a própria Lei compreendeu como classe "o conjunto de cargos ou funções com atribuições da mesma natureza e com o mesmo grau de responsabilidade".

O conjunto de classes ou "escalas" do Quadro Permanente de Tributação, Fiscalização e Arrecadação formava única carreira fazendária do Estado de Minas Gerais, *ex vi* do *art. 4º* da mesma Lei, que atribuiu a todos os cargos de todas as classes desse quadro o exercício de atividades relacionadas com *"planejamento fiscal, estudo e regulamentação da legislação tributária, estudo dos processos e sistemas de arrecadação, orientação dos contribuintes, fiscalização de tributos estaduais e apoio a essas atividades"*.

Combinando o art. 4º com o art. 13, ambos da Lei Ordinária nº 6.762/1975, respondo: o Estado de Minas Gerais previu, na organização de sua administração tributária, significado amplo de carreira como o conjunto das classes de Assistente de Tributação e Arrecadação (ATA), Agente de Tributação e Fiscalização (ATF) e Técnico de Tributação e Fiscalização (TTF), que constituíam o Quadro Permanente de Tributação, Fiscalização e Arrecadação do Estado.

A despeito das leis anteriores, que previam compartilhamento das funções de tributação, fiscalização e arrecadação por carreiras separadas (e mesmo após a Lei Ordinária nº 15.464/2005, que novamente as separou), para fins de compreensão do sentido e do alcance da carreira fazendária mineira, prevalece o que se previu na Lei Ordinária nº 6.762/1975, que melhor contemplou esses núcleos de competências na liturgia da profissionalização, assegurando-lhes horizonte amplo de evolução profissional, máxime considerando que a profissionalização, de que a carreira é princípio vetor, corresponde a direito público subjetivo da função pública e decorrência lógica do direito fundamental à carreira e à isonomia, que envolve proporcionalidade entre oportunidades, ficando, por isso, *vedado o retrocesso dessas garantias quando da alteração unilateral pelo Estado do regime jurídico do servidor*. Todas as classes da carreira fazendária mineira, na vigência da Lei Ordinária nº 6.762/1975, inclusive, continham o mesmo código de identificação (TFA, sigla esta que corresponde às iniciais Tributação, Fiscalização e Arrecadação), numerado ascendentemente de acordo com a complexidade das atribuições de cada classe (TFA 1, TFA 2 e TFA 3), a propósito do que se infere do Anexo II da Lei.

Os símbolos de vencimentos guardam relação de continuidade, sendo seus valores uma sequência lógica e gradativa de um posto para outro dentro da mesma classe e de uma classe para outra dentro dessa carreira.

Para melhor visualização das classes que integravam a carreira fazendária mineira, com respectivos padrões de vencimento, habilitações e atribuições, desenvolvi o resumo constante dos quadros 1, 2 e 3 a seguir, tendo em vista os Anexos II, III e IV da Lei Ordinária nº 6.762/1975 e a Resolução nº 527/1976. Este último documento, a despeito de sua inconstitucionalidade formal (o art. 4º da Lei Ordinária nº 6.762/1975 exigia regulamentação das atribuições inerentes aos cargos da carreira fazendária por decreto, de competência, como cediço, privativa do Chefe do Poder Executivo), especificou objetivos, natureza do trabalho, qualificações para o trabalho e quadro numérico de lotação nos órgãos de todas as classes do Quadro Permanente de Tributação, Fiscalização e Arrecadação do Estado de Minas Gerais.

QUADRO 1
Quadro permanente de tributação, fiscalização e arrecadação do Estado de Minas Gerais (TFA 1)

Código	Classe ou escala	Símbolo vencimento	Graus ou postos	Requisitos investidura (escolaridade)	Atribuições	Nº cargos
TFA 1	Assistente de Tributação e Arrecadação (ATA), depois Técnico de Tributos Estaduais (TTE)	F1	F a J F: 3.116,00 G: 3.271,00 H: 3.434,00 I: 3.605,00 J: 3.785,00	2º grau	Apoio administrativo para fiscalização, tributação e arrecadação, compreendendo: - controle de atividades relativas à arrecadação de tributos estaduais; - levantamentos de dívida ativa para efeitos de cobrança; - orientação a contribuintes sobre incidência tributária; - organização e controle de cadastro de contribuintes, quadros de recolhimentos fiscais e tabelas de preços de produtos *in natura* e industrializados.	1.800

QUADRO 2
Quadro permanente de tributação, fiscalização e arrecadação do Estado de Minas Gerais (TFA 2)

Código	Classe ou escala	Símbolo vencimento	Graus ou postos	Requisitos investidura (escolaridade)	Atribuições	Nº cargos
TFA 2	Agente de Tributação e Fiscalização (ATF), depois Agente Fiscal de Tributos Estaduais (AFTE)	F2	F a J F: 4.801,00 G: 5.041,00 H: 5.293,00 I: 5.557,00 J: 5.834,00	2º grau	Atividade qualificada no campo da fiscalização tributária, compreendendo: - fiscalização de mercadorias em trânsito e apreensão das que se encontrem em situação irregular; - visto em documentos fiscais; - emissão de fichas rodoviárias e conhecimentos de arrecadação; - lavratura de autos de infração, de apreensão de documentos fiscais e de mercadorias; - orientação ao contribuinte no tocante às normas tributárias; - participação em outras operações fiscais; - fiscalização em empresas que transportem mercadorias.	2.100

QUADRO 3
Quadro permanente de tributação, fiscalização e arrecadação do Estado de Minas Gerais (TFA 3)

Código	Classe ou escala	Símbolo vencimento	Graus ou postos	Requisitos investidura (escolaridade)	Atribuições	Nº cargos
TFA 3	Técnico de Tributação e Arrecadação (TTA), depois Fiscal de Tributos Estaduais (FTE)	F3	F a J F: 5.716,00 G: 6.001,00 H: 6.301,00 I: 6.616,00 J: 6.946,00	Curso Superior em Direito, Ciências Econômicas, Ciências Contábeis e Administração.	Atividade qualificada no campo da administração fazendária, compreendendo: - fiscalização de estabelecimentos industriais, comerciais e outras fontes de tributo; - orientação, coordenação e controle de atividades relativas a tributação, fiscalização, arrecadação e aplicação da legislação tributária; - instrução sobre processos tributários administrativos e contestação de defesas apresentadas por autuados; - instrução, quando solicitado, sobre processos de cobrança da dívida ativa; - lavratura de termo de início de ação e verificação fiscal, notificação e apreensão mercadorias em casos exigidos; - avaliação para efeitos de tributação; - atendimento e orientação a contribuintes sobre assuntos de natureza tributária e fiscal.	1.600

A própria descrição das atividades da classe de Assistente de Tributação e Arrecadação (ATA) como atividades qualificadas no campo da administração tributária corrobora o entendimento de que foi prevista uma única carreira fazendária no Estado de Minas Gerais, composta pelas mencionadas classes.

Destarte, servidores que ingressaram no serviço público para exercício, em caráter efetivo, de cargo pertencente às classes do Quadro Permanente de Tributação, Fiscalização e Arrecadação, quando da vigência da Lei Ordinária nº 6.762/1975, ou que foram enquadrados por ela, *vinculam-se* a atribuições descritas para a carreira, quais sejam, tributação, fiscalização e arrecadação, exercendo-as de maneira escalonada e complementar.

Posteriormente, a Lei Ordinária nº 8.178/1982 reestruturou a carreira fazendária, alterando a redação do art. 13 da Lei Ordinária nº 6.762/1975 e dando às classes de Agente de Tributação e Fiscalização (ATF) e Técnico de Tributação e Fiscalização (TTF), respectivamente, as seguintes denominações: Agente Fiscal de Tributos Estaduais (AFTE) e Fiscal de Tributos Estaduais (FTE).

Essa mesma lei nada dispôs sobre a classe de Assistente de Tributação e Arrecadação (ATA), que, na sequência, juntamente com a classe de Assistente Fazendário (AF), criada pela Lei Delegada nº 4/1984, foram transformadas em única classe, Assistente Técnico Fazendário (ATF), criada, por sua vez, pela Lei Ordinária nº 9.754/1989. Em 2003, pelas disposições finais da Lei Delegada nº 60, a classe de Assistente Técnico Fazendário (ATF) foi transformada em Técnico de Tributos Estaduais (TTE).

Em 2005, por meio da Lei Ordinária nº 15.464/2005, o Estado de Minas Gerais separou formalmente as duas carreiras. A atual carreira de Auditor Fiscal da Receita Estadual (AFRE) foi composta pelas antigas classes de Agente Fiscal de Tributos Estaduais (AFTE) e Fiscal de Tributos Estaduais (FTE). Destacada da primeira, essa Lei previu a carreira de Gestor Fazendário (GEFAZ) integrada por Assistente Técnico Fazendário (ATA) e Assistente Fazendário (AF), transformados em Assistente de Tributação e Fiscalização (ATF) e Técnico de Tributos Estaduais (TTE).

A própria noção e o significado de carreira fazendária do Estado de Minas Gerais, na vigência da Lei Ordinária nº 15.464/2005, também se diferiu da noção e do significado de carreira conferidos pela Lei Ordinária nº 6.762/1975. Enquanto esta compreendia a carreira fazendária em sentido amplo, como conjunto das três classes primitivas, aquela passou a conceber carreira em sentido estrito, como conjunto de cargos que não mais se comunicam e formam hoje carreiras formalmente distintas.

Transformações operadas desde o advento da Lei Ordinária nº 15.464/ 2005 são, todavia, inconstitucionais, na medida em que possibilitaram, primeiro, tratamento diferenciado, haja vista a desproporcionalidade de oportunidades, a classes de mesma carreira, violando-se direito fundamental da função pública à isonomia, e, segundo, permitiram que classes oriundas de única carreira fazendária fossem hoje consideradas carreiras apartadas e estanques, violando-se o princípio da carreira. Reitera-se, ademais, que Gestores Fazendários (GEFAZ) devem se vincular a atribuições originariamente previstas por lei, para as quais tiveram mérito objetivo avaliado por concurso público de provas ou de provas e títulos.

Dada a manifesta inconstitucionalidade material da Lei Ordinária nº 15.464/2005, a despeito da atual previsão legal, em que as referidas carreiras encontram-se separadas formalmente, pode-se afirmar que existe uma única carreira fazendária no Estado de Minas Gerais, integrada por, em verdade, classes — e não carreiras — de Auditor Fiscal da Receita Estadual (AFRE) e Gestor Fazendário (GEFAZ), com afinidade e complementaridade entre si.

Por outro lado, é de se considerar, ainda, que na reforma administrativa operada pelo Estado de Minas Gerais, quando do denominado "choque de gestão", a noção de "grupo", presente em quase todas as legislações estaduais que versam sobre planos de carreira, corresponde a "corpo", isto é, carreira em sentido amplo, segundo o direito da função pública francês. Nesse sentido, é a própria Lei Ordinária nº 15.464/2005 que institui como "cargos" do Grupo de Tributação, Fiscalização e Arrecadação de Minas Gerais o Auditor Fiscal da Receita Estadual (AFRE) e o Gestor Fazendário (GEFAZ), prevendo-os, em sentido amplo, como integrantes de única carreira.

3.3 Reestruturação de carreiras

3.3.1 Limite formal e limites materiais para alteração do regime jurídico estatutário do servidor público – Resposta ao quesito 2

Extrai-se da magistral lição de Héctor Jorge Escola[27] que, em relações jurídico-administrativas, as situações de "direito" e "dever", próprias das relações privadas, assumem conotação de "prerrogativas" e "sujeições", justamente porque a Administração Pública atua com *imperium* na gestão do interesse público.

---

[27] ESCOLA. *Compendio de derecho administrativo*, v. 1, p. 186.

Diz o autor que, no Estado de Direito, relações especiais de sujeição ou relações jurídico-administrativas só se concebem porque, nestas, primeiro, a Administração se submete ao direito e, segundo, existe para os administrados uma situação frente à Administração pela qual podem sustentar e fazer valer juridicamente seus direitos públicos subjetivos. Isso ocorre em sendo a lei garantia da liberdade individual que estabelece, determina e delimita essas relações jurídicas, cuja especialidade resulta do fato de que, nelas, a Administração atua com pretensão de supraordenação ante a necessidade de constituir-se em gestora e guardiã do interesse público, no qual cada indivíduo pode inclusive identificar seu próprio interesse particular.[28]

Com base nessas lições, afirma-se: *relações de sujeição especial, no Estado de Direito, devem necessariamente ser estabelecidas por lei, em sentido formal, como ato emanado do Poder Legislativo, e em sentido material, como regra geral, abstrata, obrigatória e com capacidade de inovar na ordem jurídica.*

Atos materialmente normativos emanados do Poder Executivo não têm mais, como tiveram no passado, o condão de alterar ou estabelecer qualquer relação especial, sendo-lhes defeso inovar na ordem jurídica, criando obrigações para certos cidadãos.

São, portanto, manifestamente inconstitucionais todas as pretensões administrativas de alteração do regime jurídico do servidor público estatutário integrante da carreira fazendária do Estado de Minas Gerais, por meio de decretos, resoluções, leis delegadas, entre outros instrumentos normativos.

Ademais, a primeira condição de legitimidade do interesse público corresponde à sua adequação à ordem jurídica; quer dizer, às circunstâncias para manutenção da ordem (segurança jurídica e paz) e à dinâmica de intervenção na ordem pelo Estado.

Nesse sentido, transcrevo as lições de Maria Coeli Simões Pires:

> No que tange ao regime estatutário aplicável ao servidor, devem-se afastar os dogmas segundo os quais a garantia do direito adquirido não faz intangível o regime jurídico dos servidores, mesmo porque é necessário passar em revista o próprio conceito material de regime estatutário.
>
> Tendo em vista as peculiaridades nesse campo, especialmente a noção de *status*, é necessário traduzir-se o apelo de segurança sob o pálio do conceito de direito expectado, que se assenta na ideia de gradação na integração de bens jurídicos à esfera da patrimonialidade dos titulares,

---

[28] Isso porque o interesse público nem é necessariamente o interesse de todos ou os interesses da maioria, nem é a antítese dos interesses individuais. Interesse público é a dimensão social dos interesses individuais. É o interesse que os indivíduos têm como membros de um corpo social.

o que, à sua vez, invoca o socorro do princípio da proporcionalidade no tocante à temporalidade do curso aquisitivo.[29]

Em outra oportunidade,[30] escrevi que o interesse estatal só é determinado pela razão quando coincide com o sistema jurídico. Em face do pressuposto de que a lei (aqui, compreendida em sentido amplo), como direito, é ordenação racional, o sistema jurídico é único critério racional possível para se afirmar que determinado interesse estatal é legítimo. O interesse estatal, quando dado por impulso e paixão, deixa de servir ao sistema jurídico para servir às relações de poder.

Destarte, o primeiro limite de ordem formal a constituição, alteração e revogação do regime de sujeição especial da relação de trabalho estatutária entre o Estado e o servidor é a lei, em sentido formal e material.

O segundo critério de legitimidade ou limitação material da alteração do regime jurídico estatutário é a adequação do interesse público ao bem comum, que na definição aristotélico-tomista, dada por Marcus Paulo Rycembel Boeira,[31] é o "bem de todos naquilo que todos têm em comum".

Por isso, também manifestei que o Estado, na condição de tomador da força de trabalho humano do servidor, seja mediante vínculo trabalhista ou contratual, seja por relação estatutária ou legal, não se encontra, nem se poderia encontrar, senão por força exclusiva do interesse público, numa situação de supremacia em relação ao particular.[32]

Isso implica dizer que, em relações de trabalho regidas por regime estatutário, representa desvio de finalidade invocar o princípio de supremacia do interesse público sobre o privado para justificar condutas autoritárias e arbitrárias da Administração, em detrimento de direitos sociais legítimos dos servidores, imprescindíveis à boa prestação de serviços públicos à sociedade.

Em outras palavras, quando o interesse que motiva alteração unilateral da relação estatutária é contrário ao interesse público primário e ao bem comum político, a lei que produz essa alteração é materialmente inconstitucional. Vale dizer: como o caráter legal da relação

---

[29] PIRES. *Direito adquirido e ordem pública*: segurança jurídica e transformação democrática, p. 708.
[30] SILVEIRA. Princípio da supremacia do interesse público como fundamento das relações de trabalho entre servidores públicos e Estado. *In*: BACELLAR FILHO; HACHEM (Coord.). *Direito administrativo e interesse público*: estudos em homenagem ao professor Celso Antônio Bandeira de Mello, p. 362.
[31] BOEIRA. *A democracia pelas cinco causas na Constituição de 1988*, f. 230.
[32] SILVEIRA. Princípio da supremacia do interesse público como fundamento das relações de trabalho entre servidores públicos e Estado. *In*: BACELLAR FILHO; HACHEM (Coord.). *Direito administrativo e interesse público*: estudos em homenagem ao professor Celso Antônio Bandeira de Mello, p. 370.

jurídica estatutária impõe-se em função do interesse público primário, alterações produzidas com base na vontade do Estado só se legitimam quando coincidentes com o interesse da sociedade política organizada, destacando-se, sobretudo, salvaguarda de segurança jurídica, direito adquirido, ato jurídico perfeito, impossibilidade de retrocesso de direitos fundamentais, carreira, valorização do trabalho do servidor, dignidade da pessoa humana, entre outros.[33]

Assim, serviente ao interesse público, o Estado tem livre disposição da relação jurídica estatutária, podendo unilateralmente modificá-la sempre que necessário para melhor gestão de competências.

A livre disposição da relação jurídica de trabalho público jus-administrativo pelo Estado encontra, contudo, por força do mesmo interesse público, *dois óbices intransponíveis, ambos resultados do princípio da carreira: vinculação do servidor às atribuições para as quais foi investido, mediante concurso público de provas ou de provas e títulos* (art. 37, II c/c art. 39, *caput*, CR/88), *e irredutibilidade de subsídios e vencimentos* (art. 37, XV, CR/88).

Enquanto a garantia da irredutibilidade de subsídio e vencimento é prevista expressamente no texto constitucional brasileiro, e talvez por isso pacífica na doutrina e na jurisprudência, a vinculação do servidor a atribuições para as quais foi investido, direito este de mesma natureza e hierarquia daquele, é deduzida do sistema e muito pouco explorada pela doutrina. A doutrina estrangeira, não obstante, proclama-o com fundamento na própria natureza jurídica do ato de nomeação do servidor para a função pública.

Nesse sentido, Otto Mayer[34] observa que, pela nomeação, o Estado assinala ao servidor círculo de funções determinadas dentro das quais deverá exercer sua atividade. Diz o autor que o ato pelo qual se efetua essa designação corresponde à *atribuição de função*. Graças a este, a obrigação de servir recebe a forma mais pronunciada de dever jurídico. Nomeação e atribuição de função podem reunir-se, todavia, em um só ato. De todo modo, nomeação, por sua natureza, tem por fim conferir função de determinada espécie, delimitando de antemão o conteúdo da obrigação conferida ao indivíduo que servirá ao Estado. E completa: "A pessoa nomeada está somente comprometida com os serviços que se enquadram na espécie da função indicada".[35] Em outra passagem, o autor ressalta que atribuição de função não compreendida no conteúdo da obrigação

---

[33] Cf. BOEIRA. *A democracia pelas cinco causas na Constituição de 1988*, f. 371.
[34] MAYER. *Derecho administrativo alemán*, v. 4, p. 49.
[35] MAYER. *Derecho administrativo alemán*, v. 4, p. 50.

de servir não é possível, senão mediante modificação dessa obrigação.³⁶ Essa *modificação, para ser válida, primeiro, depende do consentimento expresso ou tácito do servidor e, segundo, deve tender a ampliar a função originária para compreender novas exigências.*

A doutrina espanhola, ao seu turno, fala expressamente em *direito ao cargo*. Citando Parada Vázquez, Alberto Palomar Olmeda³⁷ menciona que, ao lado do direito à remuneração, o direito ao cargo tem maior importância ao servidor; é a consequência que o direito da função pública garante-lhe contra negativa influência da política na administração. Contudo, o autor salienta a importância de se compreender o que vem a ser direito ao cargo e conclui que se deve entender a expressão "cargo" em acepção ampla, como categoria que unifica a relação de serviço na relação orgânica. Nesse caminho, o que se garante ao servidor é o direito de desempenhar funções públicas em órgão administrativo determinado e consequente impossibilidade de ele ser removido. O autor aduz que a Lei de 1964, art. 63.2, assegura ao servidor em regime de carreira o direito ao cargo e, com base nele, sempre que o serviço o consinta, a inamovibilidade.

Em resumo, direito ao cargo significa que, a partir do momento em que o servidor obtém um posto de trabalho por concurso, integrando-se no serviço público a determinado quadro, em regime de carreira, adquire o direito de desempenhar exatamente as funções previstas para esse quadro específico, podendo lograr, em alguns casos, o direito de exercer o posto, mesmo em seu aspecto geográfico originário.

Por conseguinte, *sistema de carreira ou regime estatutário permite ao Estado alterar unilateralmente as condições de trabalho do servidor, desde que se respeitem atribuições originárias do vínculo efetivo e não se diminua a contraprestação pecuniária paga por seus serviços.*

Destarte, é expressamente vedado pelo constituinte ao Estado, na alteração unilateral do regime estatutário do servidor, diminuição e subtração de funções, assim como imposição de perdas de subsídio e vencimento, haja vista que carreira remete à trajetória sempre ascendente, que garante ao servidor no seu percurso a expectativa de evoluir profissionalmente.

Direito ao cargo ou à carreira implica, igualmente, o direito público subjetivo do servidor à profissionalização, o que ainda será examinado neste Parecer.

---

³⁶ MAYER. *Derecho administrativo alemán*, v. 4, p. 51.
³⁷ PALOMAR OLMEDA. *Derecho de la función pública*: régimen jurídico de los funcionarios públicos, p. 286.

3.3.2 Exame de legitimidade formal e constitucionalidade material do enquadramento dos servidores da carreira fazendária do Estado de Minas Gerais pela Lei Ordinária nº 15.464/2005 – Resposta ao quesito 3

O instrumento pelo qual se deu a reestruturação da carreira fazendária do Estado de Minas Gerais, em 2005, foi adequado, qual seja lei formal e material, que corresponde à regra geral, abstrata, obrigatória e originária na ordem jurídica, eis que emanada do Poder Legislativo.

Chama atenção, todavia, o fato de a Constituição do Estado de Minas Gerais de 1989 possuir, no parágrafo único do art. 63, acrescentado pela Emenda Constitucional nº 60/2003, diretrizes formais para o processo legislativo, remetendo à lei complementar a competência para dispor sobre elaboração, redação, alteração e consolidação das leis.

Nesse sentido, a Lei Complementar nº 78/2004, em seu art. 4º, considera como elementos da lei o cabeçalho, o texto normativo e o fecho. O cabeçalho deve conter epígrafe, ementa e preâmbulo e o texto normativo ser estruturado em artigos (artigos iniciais, disposições permanentes e artigos finais). Não há qualquer previsão de anexo no fecho. Merecem transcrição os artigos 5º e 6º dessa Lei:

> Art. 5º A articulação e a divisão do texto normativo se farão de acordo com a natureza, a extensão e a complexidade da matéria, observadas a unidade do critério adotado e a compatibilidade entre os preceitos instituídos.
>
> Art. 6º O artigo é a unidade básica de estruturação do texto legal.
>
> Parágrafo único. Cada artigo tratará de um único assunto, podendo desdobrar-se em parágrafos, incisos, alíneas e itens, observado o seguinte:
>
> I - o parágrafo constitui dispositivo próprio para ressalva, extensão ou complemento de preceito enunciado no *caput* do artigo;
>
> II - os incisos, as alíneas e os itens constituem dispositivos de enumeração, articulados da seguinte forma:
>
> a) os incisos se vinculam ao *caput* do artigo ou a parágrafo;
>
> b) as alíneas se vinculam a inciso;
>
> c) os itens se vinculam a alínea.

Compare-se, agora, a incongruência do que foi estabelecido para o processo legislativo no Estado de Minas Gerais e o art. 4º da Lei nº 15.464/2005:

Art. 4º As atribuições gerais dos cargos das carreiras instituídas por esta Lei são as constantes no Anexo II.

§1º As atribuições específicas dos cargos das carreiras instituídas por esta Lei serão definidas em regulamento.

§2º As atribuições dos cargos das carreiras de Auditor Fiscal da Receita Estadual e de Gestor Fazendário possuem natureza de atividade exclusiva de Estado.

§3º O Auditor Fiscal da Receita Estadual concluirá o trabalho fiscal iniciado, salvo se houver determinação diversa da chefia imediata, comunicada em ordem de serviço.

Do cotejo extrai-se o primeiro vício de natureza formal da Lei Ordinária nº 15.464/2005: atribuições do Grupo de Atividades de Tributação, Fiscalização e Arrecadação do Poder Executivo e das carreiras de Técnico Fazendário de Administração e Finanças e de Analista Fazendário de Administração, considerando a complexidade da matéria, deveriam ser definidas na lei como textos de artigos, complementados, estendidos ou ressalvados em parágrafos, e não em anexos.

Passo ao exame da constitucionalidade material da Lei Ordinária nº 15.464/2005, delimitando-o ao enquadramento da extinta classe de Assistente de Tributação e Arrecadação (ATA), depois transformada em Assistente Técnico Fazendário (ATF) e mais tarde Técnico de Tributos Estaduais (TTE). Para tanto, reprisam-se requisitos de habilitação e atribuições da classe anterior, a fim de compará-los com características dos atuais cargos contemplados no Grupo de Atividades de Tributação, Fiscalização e Arrecadação do Poder Executivo.

A habilitação exigida para a classe de Assistente de Tributação e Arrecadação (ATA) é, atualmente, a mesma que a exigida hoje para os cargos de Auditor da Receita Estadual (AFRE) e Gestor Fazendário (GEFAZ): formação em curso superior. Desde 1993 (art. 16 da Lei Ordinária nº 11.176/1993), exige-se graduação em curso superior para o ingresso nos cargos de Agente Fiscal de Tributos Estaduais (AFTE) e para Fiscal de Tributos Estaduais (FTE). Idêntica habilitação foi exigida em 1999 (art. 1º da Lei Ordinária nº 13.409/1999), para o ingresso no cargo de Agente de Tributação e Fiscalização.

Quanto às atribuições da extinta classe de Assistente de Tributação e Arrecadação (ATA), retomando os quadros elaborados no item 3.2.2 deste parecer, estas correspondiam a:

(...) apoio administrativo na fiscalização, tributação e arrecadação, compreendendo: controle de atividades relativas à arrecadação de tributos estaduais; levantamento da dívida ativa para efeitos de cobrança; orientação de contribuintes sobre incidência tributária; e organização e controle de cadastro de contribuintes, quadros de recolhimentos fiscais e tabelas de preços de produtos *in natura* e industrializados.

O *controle de atividades relativas à arrecadação de tributos estaduais*, além de *organização e controle de cadastro de contribuintes, quadros de recolhimentos fiscais e tabelas de produtos in natura e industrializados* equivalem à parte das atividades descritas nas letras "b" e "c", item II.1 do Anexo II da Lei Ordinária nº 15.464/2005, precisamente:

> b) executar procedimentos fiscais objetivando verificar o cumprimento das obrigações tributárias pelo sujeito passivo, praticando todos os atos definidos na legislação específica (*excluindo os atos* relativos à apreensão de mercadorias, livros, documentos e arquivos e meios eletrônicos ou quaisquer outros bens e coisas móveis necessárias a comprovação de infração à legislação tributária, que eram da competência dos Técnicos de Tributação e Fiscalização, depois Fiscais de Tributos Estaduais);
>
> c) exercer controle sobre atividades dos contribuintes inscritos ou não no cadastro de contribuinte e no cadastro de produtor rural da SEF; (...).

Primeira conclusão a que se chega, portanto: uma vez transformada a classe de Assistentes de Tributação e Arrecadação (ATA), depois Técnicos de Tributos Estaduais (TTE), em Gestores Fazendários (GEFAZ), essas competências foram inconstitucionalmente subtraídas desses servidores e atribuídas, em caráter privativo, aos Auditores Fiscais da Receita Estadual (AFRE).

O *levantamento da dívida ativa para efeitos de cobrança*, por sua vez, refere-se à constituição do crédito tributário estadual, previsto na letra "a", item II.1 do Anexo II da Lei Ordinária nº 15.464/2005, também como atividade privativa dos Auditores Fiscais (AFRE): "a) constituir, mediante lançamento, o crédito tributário (*excluindo* aplicar penalidades) e arrecadar tributos".

Dessa letra, apenas a aplicação de penalidades era atividade de competência de Técnicos de Tributação e Fiscalização (TTF), depois Fiscais de Tributos Estaduais (FTE) e hoje Auditores Fiscais da Receita Estadual (AFRE); todas as demais foram igualmente subtraídas, de maneira inconstitucional, dos Gestores Fazendários (GEFAZ).

Finalmente, a *orientação de contribuintes sobre incidência tributária* prevista na Lei Ordinária nº 6.762/1975 como de competência dos Assistentes de Tributação e Arrecadação (ATA) condiz com o descrito na letra "e" do item II.1 do Anexo II da Lei Ordinária nº 15.464/2005 e como, de igual forma, atividade privativa dos Auditores Fiscais da Receita Estadual. Outra inconstitucionalidade: "e) proceder à orientação do contribuinte no tocante aos aspectos fiscais".

É manifesta, destarte, a inconstitucionalidade material do enquadramento realizado pela Lei Ordinária nº 15.464/2005, ao prever inúmeras atribuições, antes realizadas pelos Assistentes de Tributação e Arrecadação (ATA), depois Técnicos de Tributos Estaduais (TTE), como competências privativas dos Auditores Fiscais da Receita Estadual (AFRE).

Logo, respondendo ao quesito 3 da consulta: na reestruturação promovida pela Lei Ordinária nº 15.464/2005 *não* houve legal e adequado enquadramento das classes previstas Lei Ordinária nº 6.762/1975, que compunham a antiga carreira fazendária do Estado de Minas Gerais. O enquadramento realizado pela Lei vigente não só fere os princípios da legalidade e da isonomia, como também do merecimento e da carreira e, ainda, como consequência da violação do princípio da carreira, também os princípios da supremacia do interesse público sobre o privado e da indisponibilidade dos interesses públicos pela Administração.

3.3.3 Reestruturação de carreiras e direito público subjetivo à profissionalização – Resposta ao quesito 4

Limite material também a ser observado pelo Estado, quando de nova organização de carreiras, é a obrigação contínua de profissionalizar-se a função pública responsável pelos serviços prestados aos cidadãos. A profissionalização é característica fundamental da relação jurídica de trabalho público entre o servidor e o Estado, seja ela de natureza trabalhista, seja de natureza estatutária. É justamente a natureza profissional da função prestada pelo servidor que o distingue dos demais agentes públicos.

Na obra *Profissionalização da função pública*,[38] adotei como entendimento: profissionalização corresponde ao tratamento neutro, objetivo e isonômico conferido pelo Estado ao servidor, de modo a valorizá-lo como ser humano que faz do serviço público seu meio de vida e profissão. Por outro lado, pela profissionalização, traduz-se o caráter não eventual da função do servidor, com a contrapartida remuneração. É o caráter profissional da relação de trabalho público que justifica compromisso, responsabilidade e missão do serviço pelo servidor, ao mesmo

---

[38] SILVEIRA. *Profissionalização da função pública*, p. 67.

tempo em que promove autorrealização do indivíduo que escolhe o serviço público como meio para auferir recursos e sustentar seu lar.

O Estado, destinatário jurídico imediato da força de trabalho dos servidores públicos,[39] deve respeitá-los em sua máxima dignidade como trabalhadores e colaboradores da Administração, que dispensam sua energia profissional e pessoal em prol do atendimento aos interesses dos cidadãos.

Observa Gustavo Alexandre Magalhães[40] que, no estudo da função pública, direitos e garantias assegurados pela Constituição não visam apenas à proteção da pessoa do servidor, mas à tutela da própria função por ele exercida. Por isso, é impossível falar-se em concretização do interesse público nas relações de trabalho com o Estado se não forem obrigatoriamente efetivados princípios constitucionais de proteção e valorização do trabalho público.

Numa perspectiva democrática, o servidor público, mesmo que se encontre em relação de sujeição especial ou estatutária com a Administração Pública, recebe da ordem jurídica proteção como homem, cidadão e trabalhador a serviço da sociedade. É sob essa perspectiva que deve ser valorizado, da forma mais ampla possível.

Profissionalização da função pública implica, assim, direito a remuneração justa pelo trabalho ofertado ao Estado, organização sindical, greve, ingresso meritório em função pública, capacitação, carreira, promoção, acesso, licenças, afastamentos para fins de capacitação, percepção de vantagens pecuniárias decorrentes de aprimoramento profissional e desempenho, entre outros direitos assegurados ao servidor.

Na vigência da Constituição da República de 1988, a profissionalização da função pública possui como fundamentos os princípios da impessoalidade, da eficiência, da carreira, do merecimento, da cidadania, da segurança jurídica, da proibição de retrocesso dos direitos fundamentais, da dignidade da pessoa humana e da valorização social do trabalho do servidor.[41]

Desse modo, constitui-se em dever jurídico do Estado prescrito pelo ordenamento constitucional, isto é, assente no direito objetivo. A Constituição da República de 1988, desde a redação originária do *caput* do art. 39, prevê o dever do Estado de promover carreira, recepcionando o art. 94 do Decreto-Lei nº 200/1967. Em contrapartida da relação jurídica de trabalho que se estabelece entre Estado e servidor, a

---

[39] GOMES. *A relação de trabalho na Constituição*: fundamentos para uma interpretação razoável da nova competência da justiça do trabalho à luz da EC n. 45/04, p. 89.
[40] MAGALHÃES. *Contratação temporária por excepcional interesse público*, f. 147.
[41] Cf. MAGALHÃES. *Contratação temporária por excepcional interesse público*, f. 71.

profissionalização corresponde a direito público subjetivo deste.[42] Isso ocorre porque o servidor, ao mesmo tempo em que pode ainda ser considerado órgão no exercício da função pública, sobretudo em relações com os demais cidadãos, é também sujeito de direitos e obrigações na relação de trabalho público mantida com o Estado, seu empregador.

Entretanto, a partir do momento que o Estado coloca à disposição do servidor instrumentos destinados à profissionalização, esta se converte de direito público subjetivo em dever jurídico, passando o servidor a compartilhar com o Estado o *munus* de torná-la efetiva.

Convém reiterar, a profissionalização da função pública não é em si faculdade do Estado, mas obrigação a ele imposta em favor do interesse público primário. O campo das políticas públicas de profissionalização de servidores reside tão somente nos meios empregados para sua concretização. Em outras palavras, é dever constitucional; somente a opção pelos meios de profissionalizar-se o servidor é política pública discricionária do legislador e do administrador.

Nesse contexto, apesar de tratar-se o art. 39, *caput*, da CR/88, de norma programática,[43] que indica um fim do Estado, o fato de estar inserida numa

---

[42] Para melhor explicar a natureza jurídica da profissionalização como direito público subjetivo do servidor, é preciso ter em mente que direito subjetivo é aquele previsto no ordenamento objetivo, capaz de ser pugnado e defendido diretamente pelo titular, quando se tratar apenas de interesse individual, ou, de forma indireta e mediata, por entidades constitucional ou legalmente autorizadas a representá-lo, quando o interesse particular coexiste com o da sociedade. Nos casos em que o interesse da sociedade existe juntamente com o do indivíduo, o ordenamento jurídico subentende que o primeiro prevalece. Pela própria supremacia do interesse público sobre o privado, justifica-se a legitimidade ativa da sociedade, por intermédio das entidades que a representam, para proteção jurisdicional desse direito. Na hipótese que contempla exercício indireto e mediato pelo servidor do direito público subjetivo à profissionalização, situa-se a maioria dos casos em que o Estado se omite em regulamentar ou regulamenta de forma indevida determinada carreira. Explica-se: o direito público subjetivo à carreira (art. 39, *caput*, CR/88), um dos instrumentos de profissionalização da função pública, poderá ser violado de três maneiras. Na primeira, apesar de constituir-se em imposição constitucional, é possível que o poder público não tenha ainda legislado sobre o plano, ficando inviabilizado o exercício do próprio direito. Na segunda, disciplinando a carreira, pode ocorrer que a regulamentação seja indevida, acarretando, por conseguinte, prejuízos aos servidores. E, finalmente, pode-se verificar que, embora haja legislação prevendo plano de carreira, o direito à promoção de determinado servidor seja desrespeitado por ação ou omissão do poder público. Nas duas primeiras situações, tem-se direito público subjetivo a ser protegido pela sociedade, principal interessada na disciplina de planos de carreira dos servidores públicos, sendo, na terceira, o poder de ação restrito ao titular do direito público subjetivo à evolução funcional. Cf. SILVEIRA. *Profissionalização da função pública*, p. 96.

[43] Normas programáticas são como programas dados ao Estado, em que se traçam as linhas diretoras de determinado fim a ser perseguido, sem maiores indicações quanto aos competentes meios. Segundo José Afonso da Silva, nas normas programáticas, o constituinte, em vez de regular, direta e imediatamente, determinados interesses, limitou-se a traçar princípios a serem cumpridos para realização dos fins sociais do Estado. Apesar de estabelecer os planos de ação nas normas programáticas, tal como ocorre com a profissionalização

Constituição formal a faz compartilhar de imperatividade e supremacia de todas as outras normas de mesma hierarquia perante o ordenamento jurídico brasileiro.[44]

Nessa linha de raciocínio, ao definir a conduta a ser seguida para obtenção do fim prescrito pelo ordenamento constitucional, qual seja a profissionalização do servidor público, o Estado necessitará fazê-lo por meio de lei específica, regulamentando carreiras, ou melhor, fixando diretrizes políticas de efetiva e concreta profissionalização.

Cumpre ainda ressaltar que, para efetiva profissionalização, mais importante que o incremento da remuneração, para fins de valorização do servidor, é dar-lhe todas as possibilidades de progresso funcional, inclusive oportunidade de exercício em postos de direção, chefia e assessoramento.

Nessa perspectiva, é também inconstitucional a Lei Delegada nº 176/2007 que instituiu o Quadro Específico de Cargos de Provimento em Comissão da Secretaria de Estado de Fazenda, cujo Anexo II exigiu para provimento de cargos em comissão o requisito de pertencer à carreira de Auditor Fiscal da Receita Estadual (AFRE), sobretudo no que se refere aos cargos de Superintendente Regional da Fazenda I e II e de Coordenador Regional II.

Com essas considerações, respondo ao quesito 4: sob o ângulo dos atuais Gestores Fazendários (GEFAZ), a reestruturação promovida pelo Estado de Minas Gerais, mediante a Lei Ordinária nº 15.464/2005, *não* atende aos mandamentos constitucionais da profissionalização da função pública e da carreira, previstos no art. 39, *caput*, da Constituição de 1988.

A aludida legislação privou-os de caros direitos, como exercício dos mais elevados cargos em comissão da Secretaria de Estado de Fazenda; subtraiu-lhes competências e cominou-lhes atribuições que não correspondem ao provimento originário e autônomo na função. É evidente o desrespeito aos limites materiais do poder de alteração unilateral do regime jurídico estatutário, ao princípio da carreira e ao mandamento constitucional da profissionalização da função pública.

A reestruturação levada a efeito tampouco seguiu as diretrizes da Constituição Estadual de 1989, art. 21, §1º; art. 30, §§4º, 5º e 6º; e art. 32.

---

da função pública, o constituinte deixa de especificar a conduta a ser seguida pelo poder público, que caracteriza política pública, a critério de oportunidade e conveniência do administrador (*Aplicabilidade das normas constitucionais*, p. 138).

[44] Regina Maria Macedo Nery Ferrari registra que buscar um conceito que possa precisar normas programáticas de modo satisfatório tem motivado os juristas, em razão da mutação do papel do Estado. Cf. FERRARI. *Normas constitucionais programáticas*: normatividade, operatividade e efetividade, p. 172-181.

Com essas diretrizes, inclusive, comprometeu-se expressamente o Chefe do Poder Executivo Estadual quando da edição do Decreto nº 43.527/2003, relacionado com o art. 5º da Emenda Constitucional nº 57/2003, que dispõe:

> Art. 5º O Poder Executivo encaminhará à Assembleia Legislativa, até 31 de dezembro de 2003, os projetos de lei relativos aos planos de carreira dos servidores públicos civis do Poder Executivo em exercício na data de publicação desta emenda à Constituição e dos que ingressarem no serviço público estadual a partir dessa data.

Nos termos do art. 7º do Decreto nº 43.576/2003:

> Art. 7º A elaboração dos anteprojetos de lei para a instituição e estruturação dos planos de carreiras deverá ter como fundamentos:
> I - *desenvolvimento do servidor público ocupante de cargo de provimento efetivo na respectiva carreira, com base na igualdade de oportunidades, no mérito funcional, na qualificação profissional e no esforço pessoal*;
> II - análise da avaliação periódica de desempenho individual como requisito necessário para o desenvolvimento na carreira por meio de promoção e progressão, com valorização do desempenho eficiente das funções atribuídas à respectiva carreira;
> III - sistema permanente de formação e aperfeiçoamento do servidor para fins de promoção na carreira, nos termos do art. 39, §2º, da Constituição da República;
> IV - valorização gradativa da formação ou titulação do mesmo nível ou superior de escolaridade àquela exigida pelo nível da classe em que o servidor estiver posicionado na carreira, aplicando-se fator de redução ou supressão do interstício necessário, bem como do quantitativo de avaliações de desempenho individual para fins de progressão e promoção;
> V - *valorização do servidor e humanização do serviço público*;
> VI - *evolução do vencimento básico*, do grau de responsabilidade e da complexidade de atribuições, de acordo com o grau ou nível em que o servidor estiver posicionado na respectiva carreira;
> VII - *maior mobilidade institucional, setorial e intersetorial dos servidores públicos efetivos na Administração Pública*;
> VIII - descrição ampla das atribuições dos cargos efetivos;
> IX - isonomia de vencimento básico entre os cargos que possuem as mesmas atribuições definidas pela legislação vigente, de acordo com o grau de responsabilidade das tarefas, a natureza e a complexidade dos cargos componentes das carreiras;
> X - garantia de irredutibilidade da remuneração do cargo efetivo de acordo com o art. 37, inciso XV, da Constituição da República e o art. 24, §5º, da Constituição Estadual.

3.4 Consequências da reestruturação promovida pela Lei Ordinária nº 15.464/2005 para o gestor fazendário

3.4.1 Status de autoridade fiscal e competências – Resposta aos quesitos 5 e 6

O sentido material de autoridade pública corresponde ao agente ou representante do poder público que detém prerrogativa, poder de mando e controle para o exercício, por si só, isto é, sem autorização de outrem, de determinada atividade típica de Estado.

Em sentido formal, o *status* de autoridade pública designa sujeito definido na regra de competência. Trata-se de noção imanente à hierarquia própria da organização administrativa.

Em matéria fiscal ou tributária, Luciano da Silva Amaro explica:

> A competência e os poderes de fiscalização das autoridades administrativas, em matéria tributária, são assuntos que, observadas as prescrições postas pelo Código Tributário Nacional, devem ser disciplinados pela legislação pertinente, que pode estabelecer disciplina geral para diferentes tributos ou impor regramento específico atento à natureza de certo tributo (art. 194). O recolhimento de tributos depende, em grande medida, da atuação da administração fiscal, especialmente se considerarmos que certas exações somente se tornam exigíveis a partir de um ato específico de autoridade fiscal, que é o lançamento. Por outro lado, para prevenir ou combater a sonegação, faz-se necessário um permanente trabalho de fiscalização. Inúmeras outras tarefas permeiam a atuação das autoridades fiscais na sua função burocrática, de controle, de orientação, de relacionamento com o sujeito passivo, com a rede arrecadadora, com outros órgãos públicos etc.[45]

Não há dúvida, na vigência da legislação anterior, Lei Ordinária nº 6.762/1975, de que o Assistente de Tributação e Arrecadação (ATA) — depois Técnico de Tributos Estaduais (TTE) e hoje Gestor Fazendário (GEFAZ) — era, ao lado do Agente Fiscal de Tributos Estaduais (ATE) e do Fiscal de Tributos Estaduais (FTE), considerado autoridade fiscal ou tributária.

A conclusão extrai-se de atribuições previstas àquela classe, sobretudo considerando *controle das atividades relativas à arrecadação de tributos estaduais; levantamento da dívida ativa para efeitos de cobrança; orientação dos contribuintes sobre incidência tributária; organização e controle*

---

[45] AMARO. *Direito tributário brasileiro*, p. 461.

de cadastro de contribuintes, quadros de recolhimentos fiscais e tabelas de preços de produtos "in natura" ou industrializados.

Para corroborar o raciocínio, quando da vigência da Lei Ordinária nº 6.762/1975, o art. 4º concedia aos atuais Gestores Fazendários (GEFAZ) exercício de atividades de fiscalização, tributação e arrecadação, inclusive lançamento de crédito tributário, nos termos do art. 201 do Código Tributário Estadual (Lei Complementar nº 6.763/1975), em sua redação original.

No contexto da atual Lei Ordinária nº 15.464/2005, redação originária, caso se tenha como válido e hígido o que foi por ela estabelecido, poderia o intérprete, num primeiro momento, supor que o esvaziamento das competências dos Gestores Fazendários (GEFAZ) excluiu-lhes também o *status* de autoridade fiscal.

Não obstante, algumas premissas merecem ser ressaltadas, a começar pelo "corpo" no qual se encontra inserido o Gestor Fazendário (GEFAZ), qual seja, o Grupo de Tributação, Fiscalização e Arrecadação do Estado de Minas Gerais (art. 1º, §1º, da Lei Ordinária nº 15.464/2005).

Em segundo, cabe recordar a natureza da atividade, isto é, as atribuições do cargo. O item II.2 do mesmo Anexo II, redação originária da Lei, prevê para os Gestores Fazendários (GEFAZ) as seguintes competências: "estudos para elaboração de legislação tributária" (letra "a", 4); atividades administrativas relativas a *lançamento, cobrança e controle do crédito tributário*, incluindo "controle do processo de arrecadação" e "controle e de cobrança do crédito tributário declarado ou constituído" (letra "a", 1 e 5); "execução, acompanhamento e controle do processo tributário administrativo" (letra "d", 2); "cobrança administrativa, parcelamento e liquidação do crédito tributário constituído" (letra "d", 3); "participação dos municípios nos Valores Adicionais Fiscais" (letra "d", 4); e "avaliação e cálculo do Imposto de Transmissão *Causa Mortis* ou Doação de Quaisquer Bens ou Direitos" (letra "d", 5).

Trata-se, sem dúvida, de atividades contempladas no art. 37, XXII, da Constituição da República de 1988 como "essenciais ao funcionamento do Estado", exercidas por servidores de carreira especializada e específica. O próprio art. 2º, §2º, da Lei Ordinária nº 15.464/2005 diz expressamente que essas atribuições próprias do cargo de Gestor Fazendário (GEFAZ) "possuem natureza de atividade exclusiva de Estado".

Sensível subtração de funções de fato ocorreu inconstitucionalmente em matéria de fiscalização, passando os Gestores Fazendários (GEFAZ), na vigência dessa Lei, a exercê-la, "mediante atividades preparatórias e de auxílio" aos Auditores Fiscais da Receita Estadual, em suas atividades privativas (letras "b" e "c"), "controle da atividade dos contribuintes sujeitos à tributação" (letra "a", 2) e "manutenção de informações cadastrais" (letra "d", 1).

Ainda no que se refere à perda de atribuições, os decretos nº 43.709/2003 (Regulamento do IPVA) e suas alterações; nº 43.981/2005 (Regulamento do ITCD); e nº 44.747/2008 (Regulamento do Processo Tributário Administrativo – RPTA), retiraram várias atribuições dos Gestores Fazendários (GEFAZ), estabelecidas na Lei Ordinária nº 15.464/2005. Observa-se que há, de novo, vício de inconstitucionalidade formal, que não menos salta aos olhos, uma vez que competências funcionais fixadas por lei foram subtraídas por decreto.

Acrescenta-se ainda o entendimento de que a *Lei Ordinária nº 15.956/2005* teria alterado a redação do art. 201 da *Lei Complementar nº 6.763/1975* (Código Tributário Estadual), prevendo para Auditores Fiscais da Receita Estadual (AFRE) a competência exclusiva para atividades de fiscalização e lançamento do crédito tributário — historicamente compartilhada com os antigos Técnicos de Tributos Estaduais (TTE), atuais Gestores Fazendários (GEFAZ). Parece-me que há outro vício formal grave de inconstitucionalidade nessa alteração.

Não obstante tais vícios, o intérprete poderia contra-argumentar que, hodiernamente, Gestores Fazendários (GEFAZ) estão excluídos do poder de ordenação e de autotutela, sendo suas atividades subordinadas aos Auditores Fiscais da Receita Estadual (AFRE). Isso todavia não ocorre, ao menos em relação ao Imposto de Transmissão *Causa Mortis* ou Doação de Quaisquer Bens e Direitos (ITCD).

Apesar do disposto no Decreto nº 43.981/2005 (Regulamento do ITCD), a avaliação e o cálculo do ITCD, bem como a análise de omissos de recolhimento e declaração, isenção de tributos, restituição do indébito, entre outras, retornaram para competência de Gestores Fazendários (GEFAZ) por meio de Ordens de Serviço, a exemplo da OS nº 2/2008 dos Superintendentes Regionais da Fazenda e de Acordos de Trabalho, instrumentos que, do mesmo modo, não são, em absoluto, apropriados.

O fato é que, conquanto também sejam de induvidosa inconstitucionalidade os instrumentos pelos quais essas competências, primeiro, foram subtraídas e, depois, restituídas aos Gestores Fazendários (GEFAZ), esses servidores são, de fato, os responsáveis, com *status* inequívoco de autoridade, pelo lançamento do Imposto de Transmissão *Causa Mortis* e Doação de Quaisquer Bens e Direitos. Inclusive, mostrou-me o Consulente alguns autos de infração que comprovam lançamento do referido tributo por Gestores Fazendários (GEFAZ), sem qualquer participação dos Auditores Fiscais da Receita Estadual (AFRE).

Ademais, a Lei Ordinária nº 18.040/2009, que alterou a redação do item II.2 do Anexo II da Lei Ordinária nº 15.464/2005, conferiu a Gestores Fazendários (GEFAZ), em caráter geral as atribuições da Secretaria de Estado da Fazenda (SEF), não privativas do Auditor Fiscal, e *em particular* atribuições relativas a atividades de competência da Subsecretaria da Receita Estadual (SRE), *especialmente* avaliação e cálculo, isto é, lançamento do ITCD, que se faz de ofício, entre outras.

Dúvida poderia restar, entretanto, quanto ao significado do caráter "particular" das atribuições conferidas aos Gestores Fazendários (GEFAZ), como aquelas da competência da Secretaria da Receita Estadual (SRE), na redação dada pela Lei Ordinária nº 18.040/2009. Teria essa expressão sentido de "exclusivo" ou de "especial"?

Se exclusivo e reservado o sentido da expressão "em particular", todas as atribuições elencadas no item II.2 do Anexo II da Lei Ordinária nº 15.464/2005, com redação dada pela Lei Ordinária nº 18.040/2009, seriam próprias e exclusivas do Gestor Fazendário (GEFAZ) e, portanto, defesas ao Auditor Fiscal da Receita Estadual (AFRE).

Ao se considerar como especial apenas a natureza dessas atribuições, a expressão, no mínimo, significa que o Gestor Fazendário (GEFAZ) está, por lei, autorizado a realizá-las em caráter preferencial. Assim sendo, nos casos em que a Lei não mencionou expressamente o exercício supervisionado pelos Auditores Fiscais da Receita Estadual (AFRE), a exemplo do que se dá com as letras "b" e "c" do mesmo item II.2 do Anexo II da referida Lei, todas as demais competências previstas para Gestores Fazendários (GEFAZ), quando por eles exercidas em caráter geral, o são sem vínculo de subordinação, isto é, sem obediência a ordens e controle dos Auditores Fiscais da Receita Estadual (AFRE).

Entendo, todavia — considerando que o vocábulo "particular", no vernáculo, é consentâneo à qualidade de reservado, pertencente ou relativo somente a certas pessoas —, que a primeira interpretação deva prevalecer: quis o legislador que atribuições constantes do item II.2 do Anexo II da Lei Ordinária nº 15.464/2005 fossem exclusivas dos Gestores Fazendários (GEFAZ).

Finalmente, cumpre responder qual o conteúdo das atribuições constantes das letras "b" e "c" do item II.2 do Anexo II da Lei Ordinária nº 15.464/2005, na sistemática da Constituição Estadual de 1989 e da Constituição da República de 1988.

O texto atual do referido item, além de leitura não muito clara sobre o que vem a ser exercício "em particular" das atribuições do Gestor Fazendário (GEFAZ), é de todo incoerente. Inicia dispondo sobre atribuições gerais dos cargos das carreiras do Grupo de Atividades de

Tributação, Fiscalização e Arrecadação; no item II.1, todavia, como se estivera seguindo operação intelectual lógica, menciona atribuições privativas dos Auditores Fiscais da Receita Estadual (AFRE) e, logo em seguida, no item II.2, aduz competências particulares dos Gestores Fazendários (GEFAZ), misturando-as com atribuições preparatórias e auxiliares. Veja-se a desconexão de raciocínio do referido digesto:

> Atribuições Gerais dos Cargos das Carreiras do Grupo de Atividades de Tributação, Fiscalização e Arrecadação do Poder Executivo e das Carreiras de Técnico Fazendário de Administração e Finanças e de Analista Fazendário de Administração e Finanças
>
> II.2 - Gestor Fazendário – GEFAZ
>
> Em caráter geral, as atribuições da Secretaria de Estado de Fazenda não privativas do Auditor Fiscal, em particular as atribuições relativas às atividades de competência da Subsecretaria da Receita Estadual – SRE, especialmente: (...)
>
> b) desenvolver atividades preparatórias à ação fiscalizadora, sob supervisão do Auditor Fiscal da Receita Estadual, inclusive em regime de plantão no Posto de Fiscalização;
>
> c) auxiliar o Auditor Fiscal da Receita Estadual no desempenho de suas atribuições privativas, estendendo-se ao sistema de plantão, inclusive nos Postos de Fiscalização;

Nota-se, por outro lado, que ambas as competências gerais mencionadas nas letras "b" e "c", em caráter preparatório e auxiliar, referem-se à fiscalização, tão somente. Fiscalização relaciona-se com exame, verificação, controle, sindicância e censura das atividades dos contribuintes.

A definição de atividade preparatória é conferida pelo art. 66 do Decreto nº 44.747/2008 (regulamenta o processo tributário administrativo). Trata-se de procedimentos fiscais auxiliares que não caracterizam início da ação fiscal, tais como *atividade de monitoramento*, "assim considerada a atividade de comportamento fiscal-tributário de sujeito passivo, de carteira de contribuintes ou de setor econômico, mediante o controle corrente do cumprimento de obrigações e análise de dados econômico-fiscais, apresentados ao Fisco ou obtidas mediante visitação *in loco*"; *atividade exploratória*, "assim considerada a atividade destinada a aumentar o grau de conhecimento sobre as atividades econômicas ou o comportamento fiscal-tributário do sujeito passivo, de carteira de contribuintes ou de setor econômico, mediante visitação *in loco*, verificação de documentos e registros e identificação de indícios sobre irregularidades tributárias ou análise de dados e indicadores"; e *atividade de cruzamento eletrônico de dados*, "assim considerado o confronto entre as informações existentes na base de dados da Secretaria de Estado de Fazenda". Trata-se de atividades não privativas dos Auditores Fiscais da Receita Estadual (AFRE), que podem ser exercidas pelos Gestores Fazendários (GEFAZ).

As atividades de auxílio ao Auditor Fiscal da Receita Estadual (AFRE) nas suas atividades privativas correspondem, por sua vez, ao exercício em caráter subsidiário, de ajuda, suporte, em relação às atividades arrecadatórias e fiscalizatórias que podem ser delegadas[46] pelos Auditores Fiscais da Receita Estadual (AFRE) aos Gestores Fazendários (GEFAZ). Pois, nos termos do art. 7º do Código Tributário Nacional, "a competência tributária é indelegável, salvo a função de arrecadar e fiscalizar tributos". Trata-se, portanto, de atividades de arrecadação e fiscalização que, por delegação, os Gestores Fazendários (GEFAZ) prestam em auxílio aos Auditores Fiscais da Receita Estadual (AFRE).

Nesse sentido, atividades preparatórias e auxiliares à fiscalização, no contexto da própria Lei em comento, só podem ser interpretadas como atividades que não se encontram expressamente tipificadas no item II.1 e podem perfeitamente ser realizadas pelos Gestores Fazendários (GEFAZ). A realização dar-se-á de modo concomitante e com autonomia funcional, se em caráter preparatório às atividades dos Auditores Fiscais da Receita Estadual (AFRE). Atividades auxiliares, por outro lado, se exercidas por delegação, pressupõem supervisão.

Qualquer interpretação contrária, tendente a subtrair-lhes ainda mais competências, discordará também do princípio da carreira, do direito do servidor a atribuições originárias do cargo e do mandamento constitucional da profissionalização da função pública.

3.4.2 Proposta de alteração de Lei nº 15.464/2005 apresentada pelo SINFFAZ/MG – Resposta aos quesitos 7 e 8

Em tese de Doutoramento defendida na Universidade Federal de Minas Gerais,[47] demonstrei o equívoco de interpretação cometido pelo

---

[46] Segundo José Afonso da Silva, a despeito de a Constituição da República de 1988 não ser precisa quanto aos significados de competência privativa e competência exclusiva, a primeira indica matéria de competência própria, peculiar, enquanto a segunda, a que excluiu a atuação de qualquer outro órgão ou pessoa (*Comentário contextual à Constituição*, p. 263). Ou seja, a competência privativa é pessoal, mas pode ser delegada. A exclusiva é pessoal e indelegável.

[47] SILVEIRA. *O acesso funcional dos servidores públicos e a Constituição de 1988*: parâmetros para compatibilização.

Supremo Tribunal Federal,[48] na década de 1990, e os efeitos nefastos à profissionalização da função pública,[49] ao considerar inconstitucional o acesso como forma de provimento derivado vertical.

---

[48] Após sucessivos julgamentos do Supremo Tribunal Federal, considerando inconstitucional o acesso (art. 8º, III, Lei Federal nº 8.112/90), este foi revogado, em nível federal, pelo advento da Lei nº 9.527/97, que alterou alguns dispositivos do estatuto dos servidores públicos da União. O principal fundamento das decisões do STF para declarar a inconstitucionalidade do acesso baseia-se no art. 37, II, da Constituição que, segundo o Supremo, ao suprimir a expressão "primeira investidura", presente no texto constitucional anterior, exigiu para todo tipo de provimento originário e derivado a aprovação prévia em concurso público de provas ou de provas e títulos. Procedeu o Supremo Tribunal Federal ao que a dogmática hermenêutica denomina método filológico, literal ou gramatical, com a pretensão de interpretar, textualmente, *ipsis litteris*, o texto original do art. 37, II, CR/88: "a investidura em cargo ou emprego público depende de aprovação prévia em concurso público de provas ou de provas e títulos, ressalvadas as nomeações para cargo em comissão declarado em lei de livre nomeação e exoneração". Contudo, a vontade do constituinte não foi — e nem poderia ter sido — exigir que toda e qualquer forma de provimento em cargo e emprego público — seja ele originário ou derivado — fosse precedida de concurso público de provas ou de provas e títulos. Caso contrário, prevalecendo essa interpretação literal do art. 37, II, CR/88, intentada pelo STF, estariam igualmente banidas do ordenamento jurídico as demais formas de provimento derivado, como reversão, readaptação e recondução. Ou, se vigentes, todas elas, para serem constitucionalmente legítimas, necessitariam de prévia aprovação do servidor em outro concurso público de provas ou de provas e títulos, pois, como se sabe, das modalidades de provimento derivado previstas no art. 8º da Lei nº 8.112/90, somente a reintegração e o aproveitamento apresentam previsão constitucional (art. 41, parágrafos 2º e 3º, CR/88). Todavia, o Supremo Tribunal Federal trouxe ainda o fundamento histórico das emendas supressivas nº 2T00736-1 e nº 2T00160-9, da autoria do Senador José Paulo Bisol e do Senador Nelson Jobim, respectivamente. Afirmou-se, em análise do trecho transcrito da Emenda Supressiva nº 2T00736-1, que o motivo de ordem axiológica ou mediata do constituinte de 1988 foi informado pelo princípio da moralidade administrativa (art. 37, *caput*, CR/88). A retirada da expressão "primeira investidura" do art. 37, II, CR/88 teve cunho incontestavelmente moralizante, visando a impedir que a regra constitucional do concurso público acabasse perdendo a eficácia constitucional que se pretendia. O constituinte de 1988 realmente objetivou moralizar o ingresso e a profissionalização da função pública. Exageros e práticas imorais cometidos em nome do acesso funcional não induzem, todavia, à conclusão de que esses institutos sejam em si imorais. Pelo contrário, qualquer instituto jurídico, se mal-empregado pelo administrador público ou pelo operador do direito, pode denunciar imoralidade. Trata-se, portanto, do maior desafio prático de toda e qualquer ciência jurídica, sobretudo do Direito Administrativo: impedir que institutos jurídicos sejam manipulados, a fim de dissimular imoralidade sob o manto da legalidade. Em Direito Administrativo ocorre desvio de finalidade ou abuso de poder quando o agente público vale-se de competência aparentemente legítima para alcançar resultado diverso do previsto em lei. Ou seja: a competência é legal; a finalidade, porém, encontra-se viciada. Celso Antônio Bandeira de Mello ensina, na teoria do desvio de poder, que esta ocorre quando há mau uso da competência pelo agente público, traduzindo-se na busca de finalidade ilícita ou, sé lícita, de uma finalidade que não pode ser alcançada por meio dessa competência (*Curso de direito administrativo*, p. 410). É nessa hipótese de desvio de finalidade ou abuso de poder ou desvio de poder que se compreendem os chamados "viramentos funcionais" promovidos indevidamente em nome do acesso. No sentido imediato da interpretação teleológica, a supressão operada pela Emenda Supressiva nº 2T00736-1 objetivou impedir o desvio de finalidade que o instituto do acesso, tal como regulamentado pelo art. 97, §1º, da Emenda Constitucional nº 1/69, propiciava. Quer dizer: pelo acesso, o servidor público provido em cargo de classe final da carreira era legitimamente ascendido, de maneira derivada vertical, para cargo de classe inicial de outra

carreira, predefinida legalmente como complementar à carreira anterior. Com o desvio de finalidade, o acesso desvirtuou-se e adquiriu configuração perversa, possibilitando a investidura de indivíduos já integrantes da função pública em carreiras típicas de Estado, impossíveis de serem providas senão por concurso público externo, ou em carreiras que nada tinham de afinidade e complementaridade em relação à carreira originária. Nesse sentido, o maior de todos os equívocos da interpretação dada pelo STF, contudo, consiste que o Direito Administrativo prevê instrumento específico para coibir a prática do desvio de poder: invalidação do ato viciado, com dispersão de seus efeitos jurídicos. Não se soluciona o desvio de finalidade com a retirada do mundo jurídico de uma competência legítima e prevista em lei. O terceiro fundamento da declaração de inconstitucionalidade do acesso ressaltado pelo Supremo Tribunal Federal foi o de que o instituto fere os princípios da competitividade, da isonomia e da igualdade, inerentes aos concursos públicos. Não os fere. Isso porque o Supremo Tribunal Federal se absteve de proceder de maneira correta ao mais importante método de hermenêutica constitucional: o sistemático. A interpretação realizada pelo STF, na verdade, corresponde à que Claus-Wilhelm Canaris denomina "interpretação a partir de um sistema exterior da lei", uma conclusão elaborada com base na localização de um preceito. No entanto, a localização de um preceito, não raras vezes, surge materialmente errada no sistema. Segundo o autor, essa "interpretação a partir de um sistema externo" traduz o prolongamento dos métodos de interpretação gramatical e teleológica ou, no máximo, condiz com o grau mais elevado destas. O correto, na dogmática hermenêutica, é a "argumentação do direito a partir do sistema interno da lei". Para explicar, Canaris vale-se dos conceitos de sistema e da "definição dele derivada". A função do sistema distingue-se fundamentalmente da descoberta do conteúdo valorativo de um preceito ou de um instituto, embora estabeleça relação estreita com ele. Enquanto na "definição derivada" o centro de gravidade compreende entender o especial, mesmo considerando-se parte do geral, o sistema, em contrapartida, preocupa-se em preservar o geral, ainda que na especialidade. As funções do sistema, por conseguinte, articulam-se entre si, remetendo-se uma à outra, num efeito mútuo e dialético, para obtenção do direito. Cf. CANARIS. *Pensamento sistemático e conceito de sistema na ciência do direito*, p. 158-159.

[49] As finalidades legítimas do acesso sempre foram a profissionalização da função pública e a valorização do mérito potencial do servidor mediante provimento de classe ou carreira complementar à classe ou carreira originariamente investida. A Constituição da República de 1988 não menciona, de modo expresso, o instituto do acesso funcional, disciplinado por leis infraconstitucionais. Contudo, essas leis trazem como fundamento de validade o princípio da carreira contido no art. 39, *caput*, da Constituição de 1988. A noção exata de carreira implica quatro finalidades essenciais: evolução funcional; continuidade do exercício da função pública, de modo cada vez mais profissionalizado; motivação e valorização da função pública; e aperfeiçoamento constante do mérito potencial do servidor. Uma série escalonada de cargos, desprovida dessas quatro características, formalmente, isto é, no âmbito da norma, pode até ser prevista como carreira. No entanto, se inexistirem as possibilidades de evolução funcional, continuidade da profissionalização e aperfeiçoamento constante do mérito potencial, não há carreira no sentido material ou substancial. Nesse sentido material ou substancial, carreira pressupõe uma classe exata de partida para o ingresso do servidor no serviço público. Por outro lado, ainda que se possa conceber na carreira um nível máximo a ser alçado pelo servidor, esse caminho deve ser ampliado, estendido, dilatado, com o objetivo de aumentar, sobremaneira, as perspectivas de avanço funcional e justificar as aspirações humanas de constante superação profissional, pois a noção de administração pública é dinâmica e evolutiva. Assim, imposições de limite à carreira diminuem o desejo de aprimoramento do mérito potencial e acabam tolhendo perspectivas e esperanças profissionais do servidor. Carreira deve ser concebida como uma trajetória ampla, repleta de possibilidades, que o servidor percorre com base na esperança do progresso profissional. Perspectiva e horizonte de carreira fazem com que o servidor se sinta constantemente impulsionado a aprimorar seus talentos e suas habilidades, indo além das possibilidades do mérito atual. Convém destacar que o concurso público visa realmente a proporcionar igualdade formal de acesso a cargos e empregos públicos. Por outro lado, esse processo busca apurar o mérito daqueles mais preparados, qualificados e habilitados para desempenho do serviço público. Do ponto de vista da Administração, o concurso objetiva assegurar a eficiência ao Estado. É instrumento de política de profissionalização da função pública. Sendo assim, não se pode fazer do concurso público interpretação estanque, separada do sistema constitucional e fora do contexto da liturgia da profissionalização. Concurso e acesso são instrumentos que se complementam, desde que devidamente empregados pela Administração. Concurso é a porta de ingresso do servidor na carreira, enquanto acesso é garantia de continuidade e possibilidade de percorrê-la. Evidentemente, a movimentação funcional por meio do acesso deve ser compreendida atendendo a requisitos preestabelecidos em lei e em conformidade com

Não é o provimento derivado por acesso inconstitucional, tal como, no passado, posicionou o Supremo Tribunal Federal.[50] A tese encontra-se disponível na biblioteca da Faculdade de Direito da Universidade Federal de Minas Gerais e ainda publicada sob o título "Profissionalização da função pública".[51] Nessas obras trabalhei de maneira detalhada os fundamentos pelos quais o acesso é compatível com a Constituição de 1988 e mesmo necessário à profissionalização.

Por outro lado, creio que tais fundamentos acerca do acesso não demandem maior análise no bojo deste Parecer porque, após exame minucioso dos documentos legislativos que me foram apresentados, convenci-me de que o provimento derivado por acesso não corresponde à pretensão do Consulente pelo projeto apresentado ao Secretário de Estado de Fazenda de Minas Gerais, respondendo assim a resposta ao quesito 8.

Aspira o Consulente que o Poder Executivo mineiro, no exercício do dever-poder de autotutela, reveja o enquadramento realizado pela Lei Ordinária nº 15.464/2005, que contém vício formal e é materialmente inconstitucional, devolvendo aos Gestores Fazendários (GEFAZ) competências originárias da carreira, conforme previstas na Lei Ordinária nº 6.762/1975, reiterando que, embora decorrente da vontade unilateral do Estado, modificações do regime estatutário têm como limites preservação do direito à carreira, vinculação do servidor às atribuições para as quais foi investido e irredutibilidade de vencimentos.

Nos termos preconizados pelo STF, não há qualquer pretensão de aumento de remuneração; não há postulado de investidura em carreira

---

o ordenamento constitucional vigente. Como competência administrativa legítima, se bem utilizada pelos administradores, voltará a servir de importante instrumento de valorização do mérito potencial e de profissionalização da função pública. Quando se esgotarem todas as possibilidades de ascensão nas "escalas" (classes) de origem do servidor, este permanece estimulado a se aperfeiçoar, na expectativa de migrar para "escalas" afins, dentro de um mesmo "corpo" (carreira em sentido amplo). Essa evolução funcional é essencial a contínua capacitação, desenvolvimento de mérito, busca de eficiência e melhoria de serviços prestados aos cidadãos.

[50] Como a carreira em sentido amplo é elemento vital à organização administrativa e à dinâmica da administração pública, o STF, hodiernamente, sem reconhecer, contudo, o manifesto equívoco de interpretação que impeliu ao acesso, admite enquadramento de servidor público originário de determinado cargo ou classe para cargos ou classes distintos, sob o pálio da reestruturação de carreiras, desde que se respeite o binômio "escolaridade-atribuições" do novo cargo ou da classe a ser provida. A propósito, confira-se o julgado da ADI nº 2.713, sobre a unificação dos cargos no âmbito da Advocacia Geral da União. O fundamento do acórdão é que a análise do regime normativo das carreiras da AGU aponta para identidade substancial entre os cargos, compatibilidade funcional e remuneratória, equivalência dos requisitos exigidos em concurso e racionalização do papel constitucional do órgão. Cf. STF. ADI nº 2.713/DF, Pleno. Rel. Min. Ellen Gracie. Julg. 18.12.2002. DJ, 07 mar. 2003.

[51] Cf. SILVEIRA. *Profissionalização da função pública*.

materialmente diversa da ocupada pelos Gestores Fazendários (GEFAZ) há mais de um século; não há igualmente diferença de escolaridade; as atribuições, mais que complementares, são semelhantes. Outrossim, *não pugnam os Gestores Fazendários (GEFAZ) pelo ingresso no cargo de Auditor Fiscal da Receita Estadual (AFRE); pleiteiam a criação de um cargo novo, Analista Fiscal da Receita Estadual (AFRE II), no qual seriam reenquadrados, retornando à carreira primitiva.*

Para melhor explicar, passo à resposta ao quesito 7 e esclareço que essa proposta do Sindicato dos Técnicos em Tributação, Fiscalização e Arrecadação do Estado de Minas Gerais (SINFFAZ) e da Associação dos Exatores do Estado de Minas Gerais (ASSEMINAS) destina-se ao incremento da arrecadação no Estado, de modo a "devolver" a Gestores Fazendários (GEFAZ) funções mais complexas e compatíveis com o vencimento (alegam que 30% dos Gestores Fazendários recebem o equivalente aos Auditores Fiscais da Receita Estadual porque estão no exercício de cargo em comissão ou porque foram apostilados; porém, a carreira encontra-se subaproveitada).

A principal finalidade da proposta é a devolução aos Gestores Fazendários (GEFAZ) da participação nas atividades de fiscalização e de legitimação, por lei, do lançamento de crédito tributário, revogando-se a malsinada Lei Ordinária nº 15.464/2004. A intenção é não sobejar dúvidas de que esses servidores continuarão integrando a carreira fazendária de Minas Gerais, como originariamente foi concebida, se aprovados a PEC nº 186/2007 e o Anteprojeto de Lei Orgânica do Fisco, proposto pela Federação Nacional do Fisco (FENAFISCO). O vocábulo "atribuir" utilizado pelo projeto foi, no entanto, impróprio, eis que se trata de *devolução* de atribuições originárias e ilegitimamente retiradas desses servidores. Talvez esteja aí a fonte de toda a confusão.

A Lei Ordinária nº 15.464/2005 não só subtraiu competências desses agentes como praticamente lhes esvaziou as funções, extrapolando os limites da prerrogativa do Estado de modificar o regime estatutário de seus servidores.

Não se pugna provimento derivado por acesso. Ao contrário, na própria proposta de lei minutada pelo Consulente e pela Associação dos Exatores do Estado de Minas Gerais (ASSEMINAS), os proponentes pleiteiam alteração da Lei Ordinária nº 15.464/2005, reunificando formalmente a carreira fazendária do Estado de Minas Gerais nos seguintes cargos: Analista Fiscal da Receita Estadual, no qual seriam enquadrados os Gestores Fazendários (GEFAZ), e Auditor Fiscal da Receita Estadual, nele sendo preservados os mesmos e atuais Auditores (AFRE).

Isso porque, na contramão da racionalização administrativa tributária por que andaram, por exemplo, os Estados do Rio Grande do Sul e de Santa Catarina,[52] que unificaram suas carreiras tributárias para maior concentração de esforços em tributação, fiscalização e arrecadação; diminuição de gastos e gestão racional de competências, o Estado de Minas Gerais, que detinha fisco unificado antigamente, fez o caminho inverso.

A divisão formal da carreira fazendária, a subutilização do trabalho dos Gestores Fazendários (GEFAZ) e o nefasto clima de animosidade e rivalidade entre eles e os Auditores Fiscais da Receita Estadual (AFRE) não contribuem para o incremento da arrecadação do Estado de Minas Gerais; ao contrário. Veja-se que a própria União Federal, ao adotar para o seu Fisco modelo diverso de gestão, vem se mostrando capaz de realizar incontáveis incentivos fiscais, fomentando a economia e o consumo interno e aumentando, ainda assim, a arrecadação, em indubitável prova de eficiência administrativa.

Para se extirpar todas as inconstitucionalidades mencionadas, não resta outro caminho a não ser o devido enquadramento do cargo de Gestor Fazendário, restabelecendo o compartilhamento de algumas das atribuições declaradas privativas dos Auditores Fiscais pela Lei Ordinária nº 15.464/2005 e deduzindo, concomitantemente, atribuições que não lhe diziam respeito.

Por essa razão, a proposta do Consulente e da Associação dos Exatores do Estado de Minas Gerais (ASSEMINAS) é legítima, do ponto de vista constitucional, encontrando fundamento no dever-poder de autotutela administrativa, lembrando que esta não é uma opção do administrador, quando em face de vício insanável. Ou seja, é dever da Administração rever a Lei Ordinária nº 15.464/2005, independentemente de manifestação do Poder Judiciário. E, ao fazê-lo, que o faça de modo definitivo e derradeiro.

---

[52] Casos já considerados válidos pelo STF: ADI nº 1.561-MC/SC, Pleno. Rel. Min. Sidney Sanches. Julg. 29.10.1997. *DJ*, 28 nov. 1997; e ADI nº 1.591/RS, Pleno. Rel. Min. Octavio Gallotti. Julg. 19.08.1998. *DJ*, 30 jun. 2000.

CONCLUSÃO

Em conclusão, a título de resumo e respondendo de forma direta aos quesitos:

1 O significado de carreira que melhor atende ao mandamento constitucional da profissionalização da função pública e ao princípio da carreira previsto no art. 39, *caput*, da Constituição de 1988 é o que a tem em sentido amplo, como trajetória repleta de possibilidades e perspectivas para o servidor, ao longo de sua vida profissional.

Carreira identifica-se com a noção de "corpo", que no Brasil pode induzir à ideia de quadro, organizado em diversas "escalas" ou classes, com funções similares, cujas atribuições relacionam-se entre si e complementam-se e cujos vencimentos também são previstos de forma sequencial.

No Estado de Minas Gerais, carreira incorpora-se à noção de "grupo".

A administração tributária mineira não é tecnicamente composta por duas carreiras distintas. Os cargos de Auditor Fiscal da Receita Estadual (AFRE) e Gestor Fazendário não são, no sentido material, que hodiernamente privilegia o Supremo Tribunal Federal, carreiras diversas. Há similitude, na medida em que há afinidade e complementaridade entre elas, sendo necessário lembrar que, além de semelhança material de atribuições, os requisitos para investidura são os mesmos, inclusive.

2 Existe limite formal e limites materiais para modificação do regime jurídico do servidor público estatutário pelo Estado. O limite formal corresponde à lei, em sentido formal e material.

Na vigência da Constituição de 1988, ou melhor, do Estado de Direito, são inconstitucionais atribuições de cargos públicos criadas por decretos, resoluções, ordens de serviço e acordos de trabalho.

Os limites materiais relacionam-se com o interesse público positivado pelo constituinte, notadamente, profissionalização da função pública, princípio da carreira, vinculação do servidor às atribuições do provimento originário e irredutibilidade de vencimentos.

3 Em decorrência das conclusões anteriores, o enquadramento promovido pela Lei Ordinária nº 15.464/2005 contém vícios formais e é materialmente inconstitucional.

4 A reestruturação promovida pela Lei Ordinária nº 15.464/2005 não seguiu sequer as diretrizes estabelecidas pelo artigo 5º da Emenda nº 57/2003 da Constituição Mineira e pelo Decreto nº 43.576/2003. Tampouco na perspectiva remuneratória o enquadramento atual respeitou, para os Gestores Fazendários (GEFAZ), o direito público subjetivo à profissionalização, que corresponde a interesse de toda a sociedade.

5 Em face da Constituição da República de 1988 e da Constituição Mineira de 1989, do mandamento da profissionalização, do princípio da carreira e da garantia da vinculação do servidor às atribuições constantes do provimento originário, Gestores Fazendários (GEFAZ) podem desempenhar, com autonomia, toda e qualquer atribuição de fiscalização, que não seja expressamente contemplada no item II.1 do Anexo II da Lei Ordinária nº 15.464/2005, como privativa dos Auditores Fiscais da Receita Estadual (AFRE), assim como as atividades ditas "preparatórias". Existe subordinação apenas na execução de atividades "auxiliares".

6 Gestores Fazendários (GEFAZ) possuem *status* de autoridade fiscal, exercendo atividade típica e essencial ao Estado de Minas Gerais.

7 A fim de se voltar a atenção para o incremento da arrecadação e melhor gestão de competências, abstendo-se de permanecer nesse esforço em vão, que parece eterno, de conciliar interesses contrários e rivais dos Auditores Fiscais da Receita Estadual (AFRE) e dos Gestores Fazendários (GEFAZ), além de se restabelecer a legalidade, libertando-se ainda de maior desgaste quando da possível aprovação da PEC nº 186/2007 e da possível Lei Orgânica da Administração Tributária da FENAFISCO, convém que o Estado de Minas Gerais repense o modelo atual, comparando-o com o que existia anteriormente e o que realizaram outros Estados da Federação, com validação pelo Supremo Tribunal Federal.

É perfeitamente legítimo o pleito do Sindicato dos Técnicos em Tributação, Fiscalização e Arrecadação do Estado de Minas Gerais (SINFFAZ) e da Associação dos Exatores do Estado de Minas Gerais (ASSEMINAS) de alteração da Lei Ordinária nº 15.464/2005, devolvendo a Gestores Fazendários atividades de fiscalização e compartilhamento do lançamento de crédito tributário.

8 Referida proposta de forma alguma representa provimento derivado vertical por acesso. Inexiste sequer pretensão de ascensão ao cargo de Auditor Fiscal da Receita Estadual (AFRE) por atuais Gestores

Fazendários (GEFAZ). O que se postula é a reunificação formal da carreira fazendária mineira, que voltaria a ser integrada pelos cargos, não mais carreiras, de Analista Fiscal da Receita Estadual, no qual seriam enquadrados os atuais Gestores Fazendários (GEFAZ), mantendo-se o mesmo cargo de Auditor Fiscal da Receita Estadual, com os servidores que nele se encontram investidos.

REFERÊNCIAS

AMARO, Luciano da Silva. *Direito tributário brasileiro*. 9. ed. São Paulo: Saraiva, 2003.

ANASTASIA, Antonio Augusto Junho. *Do regime jurídico único do servidor público civil*. 1990. Dissertação (Mestrado em Direito)–Faculdade de Direito, Universidade Federal de Minas Gerais, Belo Horizonte, 1990.

ASSEMBLEIA LEGISLATIVA DO ESTADO DE MINAS GERAIS – ALMG. *Portal Assembleia de Minas*, Belo Horizonte. Disponível em: <http://www.almg.gov.br>. Acesso em: 31 mar. 2012.

AUBY, Jean-Marie et al. *Droit de la fonction publique*: État, collectivités locales, hôpitaux. 6ᵉ éd. Paris: Dalloz, 2009.

AUBY, Jean-Marie; AUBY, Jean-Bernard. *Droit de la fonction publique*: fonction publique de l'État, fonction publique territoriale, fonction publique hospitalière. 2ᵉ éd. Paris: Dalloz, 1993.

AYOUB, Éliane. *La fonction publique en vingt principes*. Paris: Frison-Roche, 1994.

BANDEIRA DE MELLO, Celso Antônio. *Curso de direito administrativo*. 29. ed. rev. atual. São Paulo: Malheiros, 2012.

BEN SALAH, Tabrizi. *Droit de la fonction publique*. Paris: Masson, 1992.

BOEIRA, Marcus Paulo Rycembel. *A democracia pelas cinco causas na Constituição de 1988*. 2007. Dissertação (Mestrado em Direito)–Faculdade de Direito, Universidade de São Paulo, São Paulo, 2007.

CAETANO, Marcello. *Manual de direito administrativo*. 10. ed. rev. atual. por Diogo Freitas do Amaral. Coimbra: Almedina, 1999. 2 v.

CANARIS, Claus-Wilhelm. *Pensamento sistemático e conceito de sistema na ciência do direito*. Tradução de A. Menezes Cordeiro. Lisboa: Fundação Calouste Gulbenkian, 1989.

DI PIETRO, Maria Sylvia Zanella. *Direito administrativo*. 25. ed. São Paulo: Atlas, 2012.

ESCOLA, Héctor Jorge. *Compendio de derecho administrativo*. Buenos Aires: Depalma, 1990. 2 v.

FERRARI, Regina Maria Macedo Nery. *Normas constitucionais programáticas*: normatividade, operatividade e efetividade. São Paulo: Revista dos Tribunais, 2001.

GOMES, Fábio Rodrigues. *A relação de trabalho na Constituição*: fundamentos para uma interpretação razoável da nova competência da justiça do trabalho à luz da EC n. 45/04. Rio de Janeiro: Lumen Juris, 2006.

JOURDA-DARDAUD, Anne. *Le déroulement de la carrière dans la fonction publique*: recrutement, évolution, cessation. Montreuil: Éd. du Papyrus, 2008.

LAUBADÈRE, André de. *Traité de droit administratif*. 6ᵉ éd. entièrement refondue. Paris: LGDJ, 1975. v. 2. La fonction publique, les domaines administratifs, l'expropriation, la réquisition, les travaux publics, la construction, l'urbanisme, l'aménagement du territoire, les actions foncière et rurale.

MAGALHÃES, Gustavo Alexandre. *Contratação temporária por excepcional interesse público*. 2004. Dissertação (Mestrado em Direito)–Faculdade de Direito, Universidade Federal de Minas Gerais, Belo Horizonte, 2004.

MAYER, Otto. *Derecho administrativo alemán*. Traducción de Horacio H. Heredia y Ernesto Krotoschin. 2. ed. Buenos Aires: Depalma, 1982. 4 v.

NEVES, Ana Fernanda. O direito da função pública. *In*: OTERO, Paulo; GONÇALVES, Pedro (Coord.). *Tratado de direito administrativo especial*. Coimbra: Almedina, 2010. v. 4.

PALOMAR OLMEDA, Alberto. *Derecho de la función pública*: régimen jurídico de los funcionarios públicos. 9. ed. Madrid: Dykinson, 2011.

PIRES, Maria Coeli Simões. *Direito adquirido e ordem pública*: segurança jurídica e transformação democrática. Belo Horizonte: Del Rey, 2005.

SÁNCHEZ MORÓN, Miguel. *Derecho de la función pública*. 4. ed. Madrid: Tecnos, 2004.

SILVA, José Afonso da. *Aplicabilidade das normas constitucionais*. 3. ed. rev. ampl. atual. São Paulo: Malheiros, 1998.

SILVA, José Afonso da. *Comentário contextual à Constituição*. 2. ed. São Paulo: Malheiros, 2006.

SILVEIRA, Raquel Dias da. *O acesso funcional dos servidores públicos e a Constituição de 1988*: parâmetros para compatibilização. 2008. Tese (Doutorado em Direito)–Faculdade de Direito, Universidade Federal de Minas Gerais, Belo Horizonte, 2008.

SILVEIRA, Raquel Dias da. Princípio da supremacia do interesse público como fundamento das relações de trabalho entre servidores públicos e Estado. *In*: BACELLAR FILHO, Romeu Felipe; HACHEM, Daniel Wunder (Coord.). *Direito administrativo e interesse público*: estudos em homenagem ao professor Celso Antônio Bandeira de Mello. Belo Horizonte: Fórum, 2010.

SILVEIRA, Raquel Dias da. *Profissionalização da função pública*. Belo Horizonte: Fórum, 2009.

SUPREMO TRIBUNAL FEDERAL – STF. *Portal STF*, Brasília. Disponível em: <http://www.stf.jus.br>. Acesso em: 31 mar. 2012.

UNIVERSIDADE FEDERAL DE MINAS GERAIS – UFMG. Faculdade de Direito. *Programa de pós-graduação em Direito*, Belo Horizonte. Disponível em: <http://www.pos.direito.ufmg.br>. Acesso em: 31 mar. 2012.

VIEIRA, Leonardo Carneiro Assumpção. *Merecimento na Administração Pública*: concurso público, avaliação de desempenho e política pública de pessoal. Belo Horizonte: Fórum, 2011.

VILLEGAS BASAVILBASO, Benjamín. *Derecho administrativo*. Buenos Aires: Tipográfica Editora Argentina, 1951. v. 3.

ANEXOS

ANEXO A

Lei nº 118, de 26 de dezembro de 1947

Dispõe sobre as Coletorias Estaduais.

O Povo do Estado de Minas Gerais, por seus representantes, decretou e eu, em seu nome, sanciono a seguinte lei:

Art. 1º (*Revogado pelo art. 18 da Lei nº 345, de 30.12.1948*)

> Dispositivo revogado:
> "Art. 1º A arrecadação de rendas do Estado será efetuada pelas suas exatorias."

Art. 2º Poderão ser criadas tantas coletorias quantas forem necessárias ao serviço de arrecadação de rendas.

Art. 3º Os Auxiliares de Coletoria passarão a denominar-se Auxiliares Técnicos de Arrecadação.

Art. 4º Fica criada a carreira no quadro do pessoal da arrecadação de rendas, compreendendo os seguintes cargos, em ordem ascendente:
1 - Auxiliar Técnico de Arrecadação;
2 - Escrivão;
3 - Coletor.
Parágrafo único. O ingresso na carreira, far-se-á pelo cargo de Auxiliar Técnico de Arrecadação, mediante concurso de provas, respeitados os direitos adquiridos dos atuais funcionários.

Art. 5º (*Revogado pelo art. 18 da Lei nº 345, de 30.12.1948*)

> Dispositivo revogado:
> "Art. 5º As promoções, obedecidas as prescrições legais, dar-se-ão alternadamente:
> a) dentro da mesma classe de Coletorias, de Auxiliar a Escrivão e deste a Coletor;
> b) dentro da mesma função, das classes inferiores às superiores.
> Parágrafo único. (Vetado)."

Art. 6º (*Revogado pelo art. 18 da Lei nº 345, de 30.12.1948*)

> Dispositivo revogado:
> "Art. 6º As coletorias serão distribuídas em dez classes."
> (Vetada a parte final que constava deste artigo)

Art. 7º (*Revogado pelo art. 18 da Lei nº 345, de 30.12.1948*)

> Dispositivo revogado:
> "Art. 7º Ficam assim fixada as fianças dos coletores:
>
> | | CR$ |
> |---|---|
> | a) Coletorias de 1ª e 2ª classes | 30.000,00 |
> | b) Coletorias de 3ª e 4ª classes | 25.000,00 |
> | c) Coletorias de 5ª e 6ª classes | 20.000,00 |
> | d) Coletorias de 7ª e 8ª classes | 15.000,00 |
> | e) Coletorias de 9ª e 10ª classes | 10.000,00 |
>
> Parágrafo único. As fianças dos escrivães corresponderão à metade das dos coletores, em cada classe."

Art. 8º (*Revogado pelo art. 18 da Lei nº 345, de 30.12.1948*)

> Dispositivo revogado:
> "Art. 8º Os vencimentos dos coletores e escrivães constituem-se das quotas fixas mensais, constantes deste artigo e da percentagem de que trata o artigo 10:
>
> | | CR$ |
> |---|---|
> | Quota fixa de coletores | 900,00 |
> | Quota fixa de escrivães | 600,00" |

Art. 9º (*Revogado pelo art. 18 da Lei nº 345, de 30.12.1948*)

> Dispositivo revogado:
> "Art. 9º Além das quotas fixas estabelecidas no artigo anterior, os coletores e escrivães terão direito a vencimento constantes de percentagens variáveis sobre a renda líquida que arrecadarem.
> Parágrafo único. O regulamento desta lei fixará taxas percentuais até o máximo de 10% (dez por cento), de modo que fique assegurada aos coletores e escrivães a percentagem mínima que auferirem ao tempo desta lei, salvo decréscimo de renda, não podendo nunca os seus proventos exceder o limite de Cr$7.000,00 (sete mil cruzeiros) mensais."

Art. 10. (*Revogado pelo art. 18 da Lei nº 345, de 30.12.1948*)

> Dispositivo revogado:
> "Art. 10. As percentagens dos Coletores e Escrivães poderão ser revistas trienalmente."

Art. 11. Pertencerão, por inteiro, ao Estado todos os emolumentos atualmente cobrados pelas certidões ou outros atos expedidos pelas Coletorias, os quais deverão ser arrecadados em selos.
§1º Nenhuma percentagem será adjudicada a quaisquer funcionários, ou a denunciantes, sobre a arrecadação de multas.
§2º Sempre que houver devolução ou restituição de tributos, debitar-se as respectivas percentagens, aos funcionários que as houverem recebido.

Art. 12. (*Revogado pelo art. 18 da Lei nº 345, de 30.12.1948*)

> Dispositivo revogado:
> "Art. 12. Terão exercício nas coletorias os seguintes Auxiliares Técnicos de Arrecadação, com vencimento mensal de Cr$650,00 (seiscentos e cinqüenta cruzeiros) cada um:
> Coletorias de 1ª e 2ª classes – 4 auxiliares;
> Coletorias de 3ª, 4ª, 5ª e 6ª classes – 3 auxiliares;
> Coletorias de 7ª e 8ª classes – 2 auxiliares;
> Coletorias de 9ª e 10ª classes – 1 auxiliar.
> Parágrafo único. Os que excederam deste número serão mantidos, até se vagarem os cargos, ou serão aproveitados em outras coletorias ou em outras funções."

Art. 13. (*Revogado pelo art. 18 da Lei nº 345, de 30.12.1948*)

> Dispositivo revogado:
> "Art. 13. Como parte de seus vencimentos, cada auxiliar terá direito a uma percentagem sobre a renda líquida de sua exatoria, variável, de 0,2% (dois décimos por cento) a 1,2% (um e dois décimos por cento), de acordo, com a sua classificação."

Art. 14. (*Revogado pelo art. 18 da Lei nº 345, de 30.12.1948*)

> Dispositivo revogado:
> "Art. 14. Nos Municípios de mais de uma coletoria da mesma classe, serão iguais os proventos dos respectivos auxiliares."

Art. 15. (*Revogado pelo art. 18 da Lei nº 345, de 30.12.1948*)

> Dispositivo revogado:
> "Art. 15. A parte fixa dos vencimentos da aposentadoria dos coletores, escrivães e auxiliares técnicos de arrecadação será calculada tomando-se por base os vencimentos de seus respectivos cargos."

Art. 16. (*Revogado pelo art. 18 da Lei nº 345, de 30.12.1948*)

> Dispositivo revogado:
> "Art. 16. Para a inclusão das percentagens, tomar-se-á por base a média das rendas líquidas apuradas nos 3 (três) exercícios anteriores ao pedido de aposentadoria ou do despacho que *ex-officio* o determinar, aplicando-se sempre, a taxa percentual vigorante ao tempo da aposentadoria."

Art. 17. O Poder Executivo fica autorizado a abrir os necessários créditos, bem como a baixar o regulamento para a execução desta lei.

Art. 18. Esta lei entrará em vigor na data de sua publicação, revogadas as disposições em contrário.

Mando, portanto, a todas as autoridades, a quem o conhecimento e execução desta lei pertencer, que a cumpram e façam cumprir tão inteiramente como nela se contém.

Belo Horizonte, 26 de dezembro de 1947.

ANEXO B

Lei nº 20, de 30 de outubro de 1947

Dispõe sobre a Fiscalização de Rendas do Estado.

O Povo do Estado de Minas Gerais, por seus representantes, decretou e eu, em seu nome, sanciono a seguinte lei:

Art. 1º A Fiscalização de Rendas do Estado será exercida especialmente:
I - Dentro do Estado:
a) Pelo Departamento de Impostos e Fiscalização, como órgão diretivo, o qual passa a denominar-se Departamento de Fiscalização.
b) Pelos Serviços Fiscais, sediados no Estado, cujo número dica fixado em cinco (5) os quais dirigidos por Chefes de Serviços, nomeados em comissão.
c) Pelos Inspetores Técnicos da Fazenda, em número de cinco (5), diretamente subordinados ao Departamento de Fiscalização, cujos cargos serão preenchidos em comissão por Fiscais de Rendas, pelo critério de merecimento objetivamente apurado.
d) Pelos Fiscais de Rendas e Agentes Fiscais de 1ª classe, passando estes a denominar-se Agentes Fiscais, nas circunscrições Fiscais, com sede nas cidades de maior movimento comercial dentre os municípios sob sua jurisdição.
e) Pelos Auxiliares Técnicos de Fiscalização, em número de quatrocentos (400), cujos cargos, de provimento efetivo, ficam criados, e cujas sedes coincidirão com as dos municípios para os quais tenham sido designados.

Vide art. 6º da Lei nº 853, de 26.12.1951.

II - Fora do Estado:
a) Pelos Departamentos da Fazenda e do Café de Minas Gerais, no Rio de Janeiro.
b) Pelo Departamento da Fazenda de Minas Gerais, em São Paulo.

Art. 2º Subsidiariamente, a fiscalização de rendas do Estado caberá ainda aos funcionários que exerçam funções de direção e chefia na Secretaria das Finanças, aos tabeliães de notas, escrivães de ofício de justiça, avaliadores judiciais, contadores do Juízo e a todos quantos, pelas funções de seus cargos, devam zelar pelos interesses do Estado.

Art. 3º Todas as repartições públicas estaduais e autoridades do Estado prestarão auxílio ao serviço de fiscalização de rendas, podendo ser solicitado, se necessário, o das autoridades municipais.

Art. 4º Para os efeitos da fiscalização de rendas estabelecerá o sistema de aproveitamento do pessoal na circunscrições.

Art. 5º O Regulamento da Fiscalização de Rendas estabelecerá o sistema de aproveitamento do pessoal nas circunscrições.

Art. 6º Fica criada a carreira no quadro do pessoal da fiscalização de rendas, que compreende os seguintes cargos, em ordem ascendente:
1 - Auxiliar Técnico de Fiscalização.
2 - Agente Fiscal.
3 - Fiscal de Rendas.
Parágrafo único. O ingresso na carreira far-se-á pelo cargo de Auxiliar Técnico de Fiscalização, mediante concurso de provas.

Art. 7º Os atuais funcionários fiscais do Departamento de Compras e Fiscalização terão direito aos vencimentos, ora atribuídos à Fiscalização de Rendas, na forma desta lei.

Art. 8º Os atuais Inspetores de Rendas, que fazem parte do quadro suplementar, poderão ser aproveitados nos serviços de fiscalização, a juízo da Administração.
Parágrafo único. No caso de serem aproveitados, terão eles as funções que lhes designar o Secretário das Finanças.

Art. 9º As atuais Circunscrições de Fiscalização poderão ser extintas periodicamente, devendo o seu pessoal ser aproveitado na carreira de fiscalização ou arrecadação.
Parágrafo único. Enquanto não forem extintas as Circunscrições referidas neste artigo, o Serviço de Controle dos Postos de Fiscalização continuará com as suas atuais atribuições.

Art. 10. Os atuais Agentes Fiscais de 2ª classe e Auxiliares dos Postos de Fiscalização deverão ser aproveitados, mediante concurso de títulos, como Auxiliares Técnicos de Fiscalização, ficando os excedentes mantidos em quadro suplementar.

Art. 11. Aos Inspetores Técnicos da Fazenda incumbe exercer a fiscalização dos serviços realizados nos municípios pelos coletores, Fiscais de Rendas, Agentes Fiscais e Auxiliares Técnicos de Fiscalização, bem como desempenhar outras missões que lhes sejam determinadas pela autoridade competente.

Art. 12. Aos auxiliares Técnicos de Fiscalização competem as atribuições conferidas até então aos Agentes Fiscais de 2ª classe.
Parágrafo único. Os funcionários a que se refere este artigo serão diretamente subordinados aos Fiscais ou Agentes Fiscais.

Art. 13. Os Inspetores Técnicos da Fazenda, Inspetores de Rendas, Fiscais de Rendas, Agentes Fiscais e Auxiliares Técnicos de Fiscalização terão os seguintes vencimentos mensais:
Inspetores Técnicos da Fazenda e de Rendas - Cr$3.600,00.
Fiscais de Rendas - Cr$3.200,00.
Agentes Fiscais - Cr$2.400,00.
Auxiliares Técnicos de Fiscalização - Cr$1.200,00.

Art. 14. Os Fiscais de Rendas e Agentes fiscais poderão arrecadar a Dívida Ativa, bem como importâncias devidas por notificações que expedirem, ou autos de infração que lavrarem, nos termos em que o Regulamento dispuser.

Art. 15. Os Inspetores, Fiscais de Rendas, Agentes Fiscais e Auxiliares Técnicos de Fiscalização terão direito a uma diária a ser arbitrada pelo Secretário das Finanças, a título de indenização de despesas com alimentação e pousada, quando, em função de seus cargos, se deslocarem das suas sedes.
Parágrafo único. Correrão por conta do Estado as despesas de transportes do pessoal da Fiscalização, em serviço.

Art. 16. Quando removidos de sua circunscrição, por motivo de transferência ou promoção, os funcionários da fiscalização terão direito a uma ajuda de custo correspondente aos vencimentos de um mês.
Parágrafo único. Em se tratando de transferência a pedido, perderá o funcionário direito à percepção da vantagem de que trata este artigo.

Art. 17. O Poder Executivo estabelecerá, no respectivo Regulamento, percentagens variáveis, diretas e indiretas, aos funcionários da Fiscalização em exercício efetivo da função arrecadadora ou fiscalizadora, até o limite de 10% cabendo 5% diretamente àqueles funcionários e o restante a todos eles.
Parágrafo único. A percentagem a que se refere este artigo não se incorporarão aos vencimentos para efeito de aposentadoria, nem sobre elas se calculará o abono de família.

> *Vide* art. 45 da Lei nº 760, de 26.10.1951.
> *Vide* art. 1º da Lei nº 853, de 26.12.1951.

Art. 18. Sobre as arrecadações efetuadas pelos funcionários da Fiscalização nenhuma percentagem caberá aos funcionários das coletorias.

Art. 19. Para a arrecadação de débitos fiscais já inscritos em dívida ativa o Fiscal e o Agente Fiscal deverão apurar, previamente, se há executivo fiscal ajuizado.
Parágrafo único. No caso afirmativo, a arrecadação somente se fará depois de pagas as custas devidas e comunicada a ocorrência ao representante da Fazenda Estadual.

Art. 20. O produto das multas não poderá ser atribuído, no todo ou em parte, a quaisquer funcionários ou a denunciantes.

Art. 21. O funcionário da Fiscalização que, em virtude da idade ou estado de saúde, a estiver incapacitado para esse serviço, mas válido para função sedentária, será transferido para um quadro suplementar especial e aproveitado nos trabalhos internos dos Serviços Fiscais ou de qualquer outro órgão da Secretaria das Finanças, sem direito à percepção de diárias e percentagens,
Parágrafo único. Para verificação das condições referidas neste artigo, o funcionário será submetido a inspeção perante junta médica, na Capital do Estado.

> *Vide* art. 57 da Lei nº 2.128, de 26.1.1960.

Art. 22. Fica revogado o artigo 1º do decreto-lei nº 48, de 7 de janeiro de 1938.

Art. 23. Fica o Poder Executivo autorizado a abrir os necessários créditos, bem como baixar o regulamento para a execução desta lei.

Art. 24. Esta lei entrará em vigor na data de sua publicação, revogadas as disposições em contrário.

Mando, portanto, a todas as autoridades, a quem o conhecimento e execução desta lei pertencer, que a cumpram e façam cumprir tão inteiramente como nela se contém.

Belo Horizonte, 30 de outubro de 1947.

ANEXO C

Lei nº 6.762, de 23 de dezembro de 1975

Dispõe sobre o Quadro Permanente de Tributação, Fiscalização e Arrecadação do Estado de Minas Gerais e dá outras providências.

O Povo do Estado de Minas Gerais, por seus representantes, decretou e eu, em seu nome, sanciono a seguinte Lei:

CAPÍTULO I
Das Disposições Gerais

Art. 1º O Quadro Permanente de Tributação, Fiscalização e Arrecadação do Estado de Minas Gerais será organizado de acordo com as disposições desta lei, subordinando-se seus integrantes ao Secretário de Estado da Fazenda.

> *Vide* art. 6º da Lei nº 6.791, de 14.6.1976.
> *Vide* art. 2º da Lei nº 6.803, de 30.6.1976.
> *Vide* Lei nº 7.066, de 13.9.1977.
> *Vide* art. 7º da Lei nº 11.861, de 25.7.1995.
> *Vide* art. 10 da Lei Delegada nº 38, de 26.9.1997.
> *Vide* art. 5º da Lei Delegada nº 49, de 2.1.2003.
> *Vide* Lei nº 15.464, de 13.1.2005.

Art. 2º Para os efeitos desta Lei:
I - cargo é o conjunto de atribuições e responsabilidades cometidas a funcionário;
II - classe é o conjunto de cargos ou funções com atribuições da mesma natureza e com o mesmo grau de responsabilidade.

Art. 3º Os cargos do Quadro Permanente previstos nesta Lei são de lotação na Secretaria de Estado da Fazenda. (Redação dada pelo art. 2º da Lei nº 8.178, de 28.4.1982)

> *Vide* art. 9º da Lei nº 8.178, de 28.4.1982.

Art. 4º Aos ocupantes dos cargos do Quadro Permanente de Tributação, Fiscalização e Arrecadação incumbe exercer as atividades relacionadas com o planejamento fiscal, o estudo e a regulamentação da legislação tributária, o estudo dos processos ou sistemas de arrecadação, a orientação dos contribuintes, a fiscalização dos tributos estaduais, o apoio a essas atividades e com o pagamento de pessoal, nos termos em que dispuser o regulamento.

Parágrafo único. Considera-se como efetivo exercício do cargo:
1 - o exercício de mandato eletivo na Presidência de entidade, regularmente constituída e registrada, representativa das classes de que trata esta Lei ou de outras classes de servidores públicos estaduais. (*Redação dada pelo art. 15 da Lei nº 9.520, de 29.12.1987*)
2 - a designação para o exercício de funções ou para o desempenho de missões de interesse público, devidamente comprovado em representação fundamentada do Secretário de Estado da Fazenda, com prévia e expressa autorização do Governador;

> *Vide* Lei nº 7.162, de 19.12.1977.

3 - a nomeação para exercício do cargo de provimento em comissão.
4 - o exercício de mandato eletivo, com afastamento obrigatório do cargo, nos termos da lei. (*Acrescentado pelo art. 11 da Lei nº 8.395, de 23.5.1983; Redação dada pelo art. 32 da Lei nº 9.266, de 18.9.1986*)

> O art. 32 da Lei nº 9.266, de 18.9.1986, foi vetado pelo Governador e mantido pela Assembleia Legislativa em 17.10.1986.
> *Vide* art. 6º da Lei nº 8.178, de 28.4.1982.

Art. 5º Os integrantes das classes de Tributação, Fiscalização e Arrecadação, sob regime de dedicação exclusiva, sujeitam-se à carga horária de 40 (quarenta) horas semanais de trabalho, bem assim, quando estabelecido, a sistema de rodízio de períodos diurnos e noturnos.
Parágrafo único. Ao servidor no regime de que trata este artigo é vedado o exercício de qualquer outra atividade remunerada, exceto a de magistério, desde que não haja prejuízo ao desempenho das atribuições de seu cargo. (*Acrescentado pelo art. 19 da Lei nº 12.984, de 30.7.1998*)

CAPÍTULO II
Da Composição do Quadro Permanente

Art. 6º O Quadro Permanente de Tributação, Fiscalização e Arrecadação é composto de classes de cargos dos quadros específicos de:
I - provimento em comissão;
II - provimento efetivo.

SEÇÃO I
Do Quadro Específico de Provimento em Comissão

Art. 7º O Quadro Específico de Provimento em Comissão compreende os seguintes grupos:
I - Direção Superior;
II - Assessoramento;
III - Chefia;
IV - Execução.

Art. 8º O Grupo de Direção Superior é constituído de classes de cargos de comando da mais alta posição hierárquica que, através de tomada de decisões, planejamento e organização, coordenação e controle ou, ainda, da execução de tarefas inerentes a estas atividades, visam ao estabelecimento de objetivos, diretrizes, programas e normas gerais ou específicas.

Art. 9º Grupo de Assessoramento é constituído de classes de cargos cujas atividades consistem na orientação e no aconselhamento prestado a ocupante de cargo de Direção Superior.

> *Vide* Lei nº 8.178, de 28.4.1982.

Art. 10. Grupo de Chefia é constituído de classes de cargos de supervisão de órgãos que executam atividades e programas de trabalho.

Art. 11. Grupo de Execução é constituído de classes de cargos cujas atribuições são desempenhadas com relativa autonomia, sob regime de confiança da autoridade a que esteja subordinado.

Art. 12. Os cargos do Quadro Específico de provimento em Comissão são de livre nomeação e exoneração segundo critérios a serem estabelecidos pelo Poder Executivo e se agrupam de acordo com o ANEXO I.

> *Vide* artigos 11, 12, 13 e 15 da Lei nº 8.178, de 28.4.1982.
> *Vide* art. 2º da Lei Delegada nº 3, de 30.5.1985.
> *Vide* artigos 9 e 10 da Lei Delegada nº 4, de 12.7.1985.
> *Vide* artigos 10, 11, 12 e 13 da Lei Delegada nº 14, de 28.8.1985.
> *Vide* art. 3º da Lei Delegada nº 15, de 28.8.1985.
> *Vide* artigos 1º e 2º da Lei nº 9.180, de 12.6.1986.
> *Vide* artigos 26 e 30 da Lei nº 9.520, de 29.12.1987.
> *Vide* art. 2º da Lei nº 9.957, de 18.10.1989.
> *Vide* art. 2º da Lei nº 10.062, de 27.12.1989.
> *Vide* art. 2º da Lei nº 10.120, de 29.3.1990.
> *Vide* art. 2º da Lei nº 10.233, de 13.7.1990.
> *Vide* art. 2º da Lei nº 10.362, de 27.12.1990.
> *Vide* art. 2º da Lei nº 10.363, de 27.12.1990.
> *Vide* art. 3º da Lei nº 10.364, de 27.12.1990.
> *Vide* art. 2º da Lei nº 10.521, de 13.11.1991.
> *Vide* art. 3º da Lei nº 10.745, de 25.5.1992.
> *Vide* art. 1º da Lei nº 10.797, de 7.7.1992.
> *Vide* art. 3º da Lei nº 11.091, de 4.5.1993.
> *Vide* artigos 12, 13, 14, 15 e 16 da Lei nº 12.984, de 30.7.1998.
> *Vide* art. 25 da Lei nº 13.085, de 31.12.1998.
> *Vide* art. 12 da Lei Delegada nº 60, de 29.1.2003.
> *Vide* art. 131 da Lei nº 15.961, de 30.12.2005.
> *Vide* art. 1º da Lei Delegada nº 174, de 26.1.2007.

SEÇÃO II
Do Quadro Específico de Provimento Efetivo

Art. 13. Os cargos do Quadro Específico de Provimento Efetivo se agrupam nas seguintes classes:
I - Técnico de Tributos Estaduais; *(Redação dada pelo art. 13 da Lei Delegada nº 60, de 29.1.2003)*
II - Agente Fiscal de Tributos Estaduais;
III - Fiscal de Tributos Estaduais.

§1º A composição das classes a que se refere este artigo é a constante do ANEXO II. (*Renumerado pelo art. 16 da Lei nº 11.176, de 6.8.1993*)
§2º Para o ingresso nas classes de que tratam os incisos II e III deste artigo, é exigido grau superior de escolaridade. (*Acrescentado pelo art. 16 da Lei nº 11.176, de 6.8.1993*)
§3º Para o provimento do cargo da classe de Assistente Técnico Fazendário de que trata o inciso I, exige-se nível superior de escolaridade. (*Acrescentado pelo art. 1º da Lei nº 13.409, de 21.12.1999*)

> Artigo com redação dada pelo art. 3º da Lei nº 9.754, de 16.1.1989.
> *Vide* artigos 1º, 13 e 14 da Lei nº 8.178, de 28.4.1982.
> *Vide* artigos 13 e 15 da Lei nº 8.798, de 30.4.1985.
> *Vide* art. 4º da Lei Delegada nº 15, de 28.8.1985.
> *Vide* art. 1º da Lei nº 9.180, de 12.6.1986.
> *Vide* art. 22 da Lei nº 9.266, de 18.9.1986.
> *Vide* artigos 1º e 4º da Lei nº 9.754, de 16.1.1989.
> *Vide* art. 1º da Lei nº 9.933, de 24.7.1989.
> *Vide* art. 5º da Lei nº 10.276, de 19.9.1990.
> *Vide* art. 3º da Lei nº 11.091, de 4.5.1993.
> *Vide* Anexo VIII da Lei nº 11.114, de 16.6.1993.

Art. 14. O provimento efetivo dos cargos de que trata esta Lei será feito:
I - por acesso, nos termos do regulamento; (*Redação dada pelo art. 2º da Lei nº 8.178, de 28.4.1982*)
II - por concurso público de provas ou de provas e títulos.
§1º O acesso far-se-á mediante seleção competitiva interna de provas ou de provas e títulos, observado o limite máximo de 80% (oitenta por cento) das vagas a serem preenchidas em grau inicial da classe. (*Redação dada pelo art. 1º da Lei Delegada nº 15, de 28.8.1985*)
§2º Poderá concorrer ao acesso:
1 - Para a classe de Assistente de Tributação e Arrecadação, ocupante de cargo da classe de Assistente Fazendário;
2 - para a classe de Agente Fiscal de Tributos Estaduais, ocupante de cargo da classe de Assistente de Tributação e Arrecadação;
3 - para a classe de Fiscal de Tributos Estaduais, ocupante da classe de Agente Fiscal de Tributos Estaduais. (*Redação dada pelo art. 1º da Lei Delegada nº 15, de 28.8.1985*)
§3º Não poderá concorrer ao acesso o funcionário:
1 - do Quadro Permanente de Tributação, Fiscalização e Arrecadação com tempo de efetivo exercício inferior a 2 (dois) anos em uma mesma classe;

> *Vide* art. 17 da Lei Delegada nº 14, de 28.8.1985.

2 - punido com destituição de função ou suspensão superior a 30 (trinta) dias, nos últimos 4 (quatro) anos, anteriores à data de encerramento das inscrições, contados a partir da publicação do ato respectivo;
3 - punido com suspensão igual ou inferior a 30 (trinta) dias, nos últimos 2 (dois) anos, contados na forma prevista no item anterior;
4 - afastado das funções específicas do seu cargo, excetuados os casos indicados nos incisos I a VII do artigo 23. (Redação dada pelo art. 2º da Lei nº 8.178, de 28.4.1982)
§4º Provido o cargo por acesso, será permitido ao seu ocupante, desde que o requeira no prazo de 12 (doze) meses, o retorno ao cargo imediatamente anterior por ele ocupado, condicionado à existência de vaga na classe. (*Acrescentado pelo art. 2º da Lei nº 8.178, de 28.4.1982*)

§5º Poderá haver provimento em cargo da classe de Assistente Fazendário, através de seleção competitiva interna, nos termos de regulamento, de funcionário público estadual efetivo, ocupante de cargo lotado na Secretaria de Estado da Fazenda, desde que em exercício de atividade prevista no *caput* do artigo 4º desta Lei, por mais de 3 (três) anos. (*Acrescentado pelo art. 2º da Lei nº 8178, de 28.4.1982; Redação dada pelo art. 2º da Lei Delegada nº 4, de 12.7.1985*)

§6º A seleção a que se refere o parágrafo anterior sujeita-se às normas estabelecidas para o acesso de que trata esta Lei. (*Acrescentado pelo art. 2º da Lei nº 8.178, de 28.4.1982*)

§7º O concurso público será promovido pela Secretaria de Estado de Administração e reger-se-á por normas baixadas conjuntamente por seu titular e pelo Secretário de Estado da Fazenda. (*Acrescentado pelo art. 2º da Lei nº 8.178, de 28.4.1982*)

Art. 15. O acesso dar-se-á para o grau inicial da classe.

§1º Nos casos em que o vencimento do grau inicial da classe for inferior ao do cargo efetivo ocupado pelo funcionário, ser-lhe-á assegurado grau igual ou superior mais próximo ao valor do seu vencimento, limitado ao último grau da classe. (*Renumerado pelo art. 2º da Lei nº 8.178, de 28.4.1982*)

§2º Ao funcionário, que tenha garantido o direito à continuidade de percepção de vencimentos pelo exercício de cargo em comissão ou função gratificada, será permitido optar pelo vencimento assegurado em título declaratório. (*Acrescentado pelo art. 2º da Lei nº 8.178, de 28.4.1982*)

§3º O funcionário que tenha direito ao recebimento desvantagem pessoal prevista no artigo 35 desta Lei não perderá o direito à percepção da mesma em decorrência do acesso. (*Acrescentado pelo art. 2º da Lei nº 8.178, de 28.4.1982*)

Art. 16. O concurso público será válido até que se completem as nomeações dos candidatos nele classificados, em número correspondente ao das vagas a serem preenchidas na época de sua realização.

CAPÍTULO III
Da Remuneração

Art. 17. Remuneração é a retribuição correspondente à soma do vencimento com os adicionais e as gratificações devida ao funcionário, na forma desta Lei, inerentes ao efetivo exercício do cargo.

Parágrafo único. A gratificação de que trata o artigo 20, inciso I, integra os vencimentos dos ocupantes de cargos previstos nesta Lei, para efeito de cálculo dos adicionais por tempo de serviço.

> Artigo com redação dada pelo art. 1º da Lei Delegada nº 15, de 28.8.1985.
> *Vide* art. 22 da Lei nº 9266, de 18.9.1986.
> *Vide* art. 3º da Lei nº 9402, de 4.5.1987.
> *Vide* art. 10 da Lei Delegada nº 38, de 26.9.1997.

SEÇÃO I
Do Vencimento

Art. 18. Vencimento é o valor mensal atribuído ao servidor dentro da estrutura hierárquica estabelecida no ANEXO III desta Lei.

Parágrafo único. O valor mensal do vencimento de que trata este artigo é o resultante da aplicação dos índices estabelecidos no mencionado ANEXO III sobre o valor base de

CR$6.671.532,00 (seis milhões seiscentos e setenta e um mil e quinhentos e trinta e dois cruzeiros), incidindo sobre este valor os reajustes gerais concedidos ao servidor civil do Poder Executivo a partir de 1º de janeiro de 1993.

> Artigo com redação dada pelo art. 15 da Lei nº 11.091, de 4.5.1993.
> Vide art. 3º da Lei nº 8.178, de 28.4.1982.
> Vide art. 2º da Lei Delegada nº 15, de 28.8.1985.
> Vide artigos 20 e 22 da Lei nº 9.266, de 18.9.1986.
> Vide art. 13 da Lei nº 11.510, de 7.7.1994.
> Vide art. 12 da Lei nº 16.190, de 22.6.2006.

SEÇÃO II
Dos Adicionais

Art. 19. Os adicionais são pagos em função do tempo de serviço:
I - por 5 (cinco) anos de efetivo exercício, na razão de 5% (cinco por cento) do vencimento;
II - por 30 (trinta) anos de efetivo exercício, na razão de 10% (dez por cento) do vencimento.

> Vide art. 12 da Lei nº 7.286, de 3.7.1978.

SEÇÃO III
Das Gratificações

Art. 20. As gratificações são de:
I - estímulo à produção individual;

> Vide art. 16 da Lei nº 7516, de 30.7.1979.
> Vide art. 17 da Lei nº 8178, de 28.4.1982.
> Vide art. 3º da Lei Delegada nº 46, de 28.7.2000.
> Vide art. 6º da Lei nº 15464, de 13.1.2005.

II - comissionamento, na forma do artigo 30.
§1º A gratificação de estímulo à produção individual será atribuída ao servidor ocupante de cargo das classes de Fiscal de Tributos Estaduais e de Agente Fiscal de Tributos Estaduais, quando no efetivo exercício do seu cargo, e ao ocupante de cargo do Quadro Específico de Provimento em Comissão de que trata esta Lei.
§2º Fica o Poder Executivo autorizado a regulamentar as condições, os critérios, as formas e os limites para atribuição e pagamento da gratificação de que trata o §1º, cujo valor mensal não poderá ultrapassar 4 (quatro) vezes o valor do maior vencimento calculado na forma prevista no art. 18 desta lei. (*Redação dada pelo art. 18 da Lei nº 12.984, de 30.7.1998*)

> Artigo com redação dada pelo art. 15 da Lei nº 11.091, de 4.5.1993.
> Vide art. 17 da Lei nº 8.178, de 28.4.1982.
> Vide art. 5º da Lei nº 9.509, de 29.12.1987.
> Vide art. 13 da Lei nº 11.432, de 19.4.1994.
> Vide art. 12 da Lei nº 16.190, de 22.6.2006.
> Vide Lei nº 16.765, de 12.7.2007.

CAPÍTULO IV
Das Outras Vantagens Pecuniárias

Art. 21. O funcionário poderá receber, além da remuneração, as seguintes vantagens, de acordo com o regulamento:
I - retribuição pela participação em órgão de deliberação coletiva, por sessão a que comparecer;
II - indenizações:
a) diária;
b) ajuda de custo.
III - honorários:
a) pelo exercício de atividades auxiliares ou membro de banca ou comissão de concurso ou de seleção competitiva interna, na Secretaria de Estado da Fazenda;
b) pelo exercício de magistério ou de função auxiliar em programa de desenvolvimento de recursos humanos, de interesse da Secretaria de Estado da Fazenda;
c) pela elaboração de trabalhos técnicos e especiais de interesse para a tributação e fiscalização, a critério do Secretário de Estado da Fazenda, desde que não correspondam às atribuições do cargo ocupado.
IV - abono de família;
V - vantagem pessoal, nos termos do artigo 35.
Parágrafo único. Aplica-se às disposições do artigo, no que couber, a regra do parágrafo único do artigo 17.

CAPÍTULO V
Da Progressão

Art. 22. Progressão é a elevação do funcionário ao grau imediatamente superior da faixa de vencimento da respectiva classe.
§1º A progressão dar-se-á:
1 - por mérito, a cada período de 2 (dois) anos;
2 - por tempo de serviço, a cada período de 4 (quatro) anos, a partir de 1º de janeiro de 1982.
§2º As condições para a progressão do funcionário serão apuradas a partir do primeiro e até o último dia de cada período mencionado no parágrafo anterior, nos termos do regulamento.
§3º São condições para o funcionário obter a progressão por mérito:
1 - ter estado em exercício de cargo da mesma classe, durante o período mínimo de 730 (setecentos e trinta) dias, no qual serão admitidos até 10 (dez) dias de falta ao serviço;
2 - não ter sofrido punição disciplinar no período mencionado no item anterior;
3 - posicionar-se acima da média aritmética simples dos pontos apurados em função de requisitos estabelecidos pela Secretaria de Estado da Fazenda, mediante boletim de avaliação.
§4º A avaliação levará em conta o desempenho do funcionário.
§5º O ocupante de cargo de provimento em comissão concorrerá à progressão no campo efetivo de que seja titular.
§6º A progressão por tempo de serviço fica condicionada ao efetivo exercício de cargo do Quadro Permanente de Tributação, Fiscalização e Arrecadação, durante o período mínimo de 1.460 (um mil, quatrocentos e sessenta) dias, no qual serão admitidos até 10 (dez) dias de falta ao serviço.

> Artigo com redação dada pelo art. 2º da Lei nº 8.178, de 28.4.1982.
> *Vide* art. 10 da Lei nº 8.178, de 28.4.1982.
> *Vide* art. 8º da Lei nº 9.754, de 16.1.1989.
> *Vide* art. 10 da Lei nº 9.933, de 24.7.1989.

Art. 23. Não terá direito à progressão o funcionário afastado das funções específicas de seu cargo, excetuados os casos de:
I - férias;
II - férias-prêmio;
III - casamento, até 8 (oito) dias;
IV - luto, até 8 (oito) dias pelo falecimento do cônjuge, filhos, pais ou irmãos;
V - situações previstas no parágrafo único do artigo 4º desta Lei;
VI - exercício de mandato eletivo;
VII - licença para tratamento de saúde, licença decorrente de doença profissional ou acidente de serviço, ou à funcionária gestante.
Parágrafo único. Na progressão por mérito, o afastamento, a que se refere o inciso VII deste artigo, isolada ou cumulativamente considerado, fica limitado a 180 (cento e oitenta) dias.

> Artigo com redação dada pelo art. 2º da Lei nº 8.178, de 28.4.1982.
> *Vide* artigos 10 e 16 da Lei nº 8.178, de 28.4.1982.
> *Vide* art. 8º da Lei nº 9.754, de 16.1.1989.

Art. 24. A progressão será assegurada por ato expresso do Secretário de Estado da Fazenda (Vetado).

> *Vide* arts. 10 e 16 da Lei nº 8.178, de 28.4.1982.

CAPÍTULO VI
Do Enquadramento

Art. 25. Os primeiros provimentos efetivos que se fizerem em classe do Quadro Permanente de Tributação, Fiscalização e Arrecadação, por ato do Secretário de Estado da Fazenda, decorrerão de:
I - enquadramento direto do funcionário, cujo ingresso no cargo atualmente ocupado tenha resultado de aprovação em concurso público ou que preencha as qualificações exigidas para o ingresso no Quadro de que trata esta Lei;
II - aprovação em treinamento dos funcionários que não preencham as condições do inciso anterior.
§1º São considerados cargos afins para o enquadramento:
1 - Cargo de Exator, do cargo da classe de Assistente de Tributação e Arrecadação, Código TFA-1;
2 - Cargo de Agente de Fiscalização do cargo da classe de Agente de Tributação e Fiscalização, Código TFA-2;
3 - Cargo de Fiscal de Rendas, do cargo da classe de Técnico de Tributação e Fiscalização, Código TFA-3.

> *Vide* art. 32 da Lei nº 7.286, de 3.7.1978.

§2º Os funcionários nomeados para cargo de Exator em virtude de aprovação em concurso público, com mais de 10 (dez) anos de efetivo exercício e que estejam em missão fiscalizadora há mais de 5 (cinco) anos, tendo se submetido a treinamento específico ministrado pelo Instituto de Técnica Tributária – ITT, serão enquadrados em cargo inicial da classe de Técnico de Tributação e Fiscalização – Código TFA-3 não se beneficiando das normas contidas no §1º do artigo 28 e no artigo 35 desta Lei.

§3º No enquadramento de funcionário que, por qualquer motivo, estiver afastado do desempenho das suas funções ou do serviço público, observar-se-á:
1 - se o afastamento decorrer de licença para tratar de interesse particulares ou de disposição sem ônus para o Estado, o enquadramento dependerá de concurso público, a menos que o funcionário retorne às suas funções antes dos primeiros provimentos e satisfaça as condições do inciso I ou II deste artigo;
2 - se o afastamento decorrer de licença, nos termos do artigo 23, §1º, item 5, desta Lei, o enquadramento, se o funcionário não satisfazer as condições do inciso I do artigo, far-se-á após seleção ou avaliação de capacidade que se realizará dentro de 90 (noventa) dias, contados dos primeiros provimentos efetivos;
3 - nos demais casos, o enquadramento far-se-á com observância do disposto neste artigo, incisos I e II.

Art. 26. Após o enquadramento a que se refere o item I do artigo 25, os atuais ocupantes dos cargos de Auxiliar Fazendário, mediante aprovação em treinamento, serão enquadrados em grau inicial do cargo de Assistente de Tributação e Arrecadação.

Art. 27. A seleção, para fins do enquadramento de que trata este Capítulo, reger-se-á por normas a serem baixadas conjuntamente pelos Secretários de Estado da Fazenda e de Administração.

Art. 28. Será assegurado ao funcionário, provido em cargo efetivo do Quadro Permanente de Tributação, Fiscalização e Arrecadação, o grau de vencimento igual ou superior mais próximo do valor de remuneração recebida imediatamente anterior ao enquadramento.
§1º Ao funcionário que, na data desta Lei, houver completado 10 (dez) anos de serviço público, assegurar-se-á o enquadramento no grau imediatamente superior ao que lhe for devido, nos termos do artigo.
§2º Remuneração, para os efeitos deste artigo, é a soma do vencimento mais as gratificações de exercício previstas nos artigos 3º, 4º e *caput* do artigo 5º da Lei nº 5.426, de 19 de maio de 1970, excluídas quaisquer outras e, especialmente, as dos artigos 5º, §3º, e 10 da mesma Lei.
§3º Tratando-se de funcionário que tenha garantido o direito à continuidade de percepção de vantagens pelo exercício de cargo em comissão ou função gratificada, a remuneração a ser considerada será a do cargo efetivo.

Art. 29. Observado o disposto no §3º, e seus itens, do artigo 25, o enquadramento a que se refere este Capítulo produzirá efeitos a partir de 1º de janeiro de 1976.
Parágrafo único. Para efeito de futuro aumento de vencimento, os valores constantes no ANEXO III desta Lei correspondem à situação existente em 1º de outubro de 1975.

CAPÍTULO VII
Das Disposições Finais

Art. 30. O ocupante de cargo do Quadro Específico de Provimento em Comissão poderá perceber, mediante opção, a remuneração prevista para o cargo efetivo de que é ocupante, acrescida de uma gratificação de 20% (vinte por cento) do valor do vencimento atribuído ao cargo em comissão que ocupar.

Artigo com redação dada pelo art. 15 da Lei nº 11.091, de 4.5.1993.
Vide art. 4º da Lei nº 9.933, de 24.7.1989.

Art. 31. O funcionário nomeado para ocupar cargo de provimento em comissão do Quadro Permanente de Tributação, Fiscalização e Arrecadação fica obrigado a apresentar ao Departamento de Pessoal, da Secretaria de Estado da Fazenda, no prazo de 60 (sessenta) dias, declaração de bens e valores patrimoniais, inclusive do cônjuge e filhos dependentes.
§1º As mutações patrimoniais serão comunicadas anualmente.
§2º Nos casos de aposentadoria ou exoneração, deverá ser apresentada a declaração final de bens e valores patrimoniais no prazo de 30 (trinta) dias, sob pena de suspensão da remuneração ou proventos.

Art. 32. O funcionário pertencente às classes de Tributação, Fiscalização e Arrecadação, em estágio probatório, definido no artigo 23 e seus parágrafos da Lei nº 869, de 5 de julho de 1952, não poderá:
I - (*Revogado pelo art. 9º da Lei Delegada nº 176, de 26.1.2007*)

> Dispositivo revogado:
> "I - ser nomeado para o cargo de provimento em comissão, de recrutamento limitado, titular ou substituto." (*Redação dada pelo art. 7º da Lei nº 9.721, de 29.11.1988*)

II - ter exercício fora da repartição da lotação de seu cargo; (*Redação dada pelo art. 2º da Lei nº 8.178, de 28.4.1982*)
III - ser requisitado.

> *Vide* art. 35 da Constituição do Estado de Minas Gerais.

Art. 33. A exigência de escolaridade para os cargos de que trata esta Lei é a definida na forma do artigo 36. (*Redação dada pelo art. 2º da Lei nº 8.178, de 28.4.1982*)

Art. 34. Na fixação dos vencimentos de cada classe do Quadro Permanente de que trata esta Lei, ficam absorvidas pela utilização do sistema de avaliação adotado todas as vantagens e retribuições atuais, ressalvados os adicionais por tempo de serviço, o abono de família, a gratificação de estímulo à produção individual, a ser regulamentada nos termos do artigo 39, e a vantagem pessoal de que trata o artigo 35.

> *Vide* Lei nº 16.765, de 12.7.2007.

Art. 35. A diferença resultante da aplicação do §3º do artigo 28 será considerada como vantagem pessoal, sobre ela incidindo os adicionais por tempo de serviço e os percentuais de reajustamento de vencimentos concedidos ao símbolo F-2, grau A. (*Redação dada pelo art. 2º da Lei nº 8.178, de 28.4.1982*)

> *Vide* art. 9º da Lei nº 8.330, de 29.11.1982.
> *Vide* art. 5º da Lei nº 9.266, de 18.9.1986.
> *Vide* art. 9º da Lei nº 9.414, de 3.7.1987.
> *Vide* art. 3º da Lei nº 9.592, de 14.6.1988.
> *Vide* art. 2º da Lei nº 9.721, de 29.1.1988.
> *Vide* art. 2º da Lei nº 9.729, de 5.12.1988.
> *Vide* art. 2º da Lei nº 9.772, de 6.6.1989.

> *Vide* art. 2º da Lei nº 10.062, de 27.12.1989.
> *Vide* art. 2º da Lei nº 10.233, de 13.7.1990.
> *Vide* art. 2º da Lei nº 10.362, de 27.12.1990.
> *Vide* art. 2º da Lei nº 10.363, de 27.12.1990.
> *Vide* art. 3º da Lei nº 10.364, de 27.12.1990.
> *Vide* art. 2º da Lei nº 10.521, de 13.11.1991.
> *Vide* art. 3º da Lei nº 10.745, de 25.5.1992.
> *Vide* art. 1º da Lei nº 10.797, de 7.7.1992.
> *Vide* art. 3º da Lei nº 11.091, de 4.5.1993.

Art. 36. O Secretário de Estado da Fazenda estabelecerá as especificações das classes do Quadro Permanente de Tributação, Fiscalização e Arrecadação, através de Resolução que determinará:
I - os objetivos;
II - a natureza do trabalho;
III - as qualificações para o trabalho;
IV - o quadro numérico de lotação nos órgãos que compõem os Serviços de Tributação, Fiscalização e Arrecadação.

> *Vide* art. 14 da Lei nº 10.521, de 13.11.1991.

Art. 37. É proibido o desvio de função, sendo responsabilizado o superior que cometer a funcionários atribuições diversas das específicas de seu cargo.

Art. 38. Poderá ser delegada ao Secretário de Estado da Fazenda a competência para nomeação e exoneração de ocupantes de cargos de Assessoramento, Execução e Chefia de Posto de Fiscalização do Quadro Específico de Provimento em Comissão, a que se refere o ANEXO I desta Lei.

Art. 39. Dentro de 90 (noventa) dias contados da publicação desta Lei, o Secretário de Estado da Fazenda submeterá ao Governador do Estado projeto de Decreto estabelecendo normas para atribuição de gratificação de estímulo à produção individual aos ocupantes dos cargos de provimento em comissão, relacionados no ANEXO I desta Lei, e dos cargos de provimento efetivo das classes de Técnico de Tributação e Fiscalização e de Agente de Tributação e Fiscalização, tendo em vista o grau de complexidade das tarefas, responsabilidade do cargo e esforço individual exigido.
Parágrafo único. A gratificação de produtividade, nos termos da legislação vigente, vigorará até que seja implantada a gratificação de estímulo à produção individual, de que trata o artigo.

> *Vide* art. 6º da Lei nº 7.922, de 23.4.1981.
> *Vide* art. 5º da Lei Delegada nº 4, de 12.7.1985.
> *Vide* Lei nº 16.765, de 12.7.2007.

Art. 40. (*Revogado pelo art. 19 da Lei nº 8.179, de 28.4.1982*)

> Dispositivo revogado:
> "Art. 40. O número de vagas no grau inicial, resultante do enquadramento nos termos do artigo 25 e seus parágrafos desta lei, a serem preenchidas por concurso público, fica limitado a 20% (vinte por cento) anual, até que se complete a sua totalidade."

Art. 41. Aos ocupantes dos cargos de provimento efetivo das classes de Tributação, Fiscalização e Arrecadação, afastados obrigatoriamente do exercício do cargo para candidatarem-se a mandato eletivo, será assegurado o direito ao recebimento integral de seus vencimentos, até a data da eleição, desde que comprovada perante o Departamento de Pessoal a homologação de sua candidatura.

Art. 42. Ficam excluídos do Anexo I do Decreto nº 16.409, de 10 de julho de 1974, as classes constantes do ANEXO IV desta Lei.

Art. 43. Os cargos remanescentes do enquadramento no Quadro Permanente de provimento Efetivo, de que trata esta Lei, passarão a integrar o Quadro Suplementar a que se refere a Lei nº 5.945, de 11 de julho de 1972, sendo suprimidos à medida que vagarem.

Art. 44. (*Revogado pelo art. 3º da Lei nº 7.341, de 20.9.1978*)

> Dispositivo revogado:
> "Art. 44. Os cargos de Assistente de Tributação e Arrecadação, de que trata esta Lei, serão extintos à medida que vagarem, sendo automática e concomitantemente criado igual número de cargos de Auxiliar de Administração, código SG-04, símbolo V-21 a V-30, que integrarão o Anexo 1 B, Grupo 2, do Decreto nº 16.409, de 10 de julho de 1974, de desempenho exclusivo na Secretaria de Estado da Fazenda."

Art. 45. Aos inativos aplica-se, no que couber, as disposições da Lei nº 6.565, de 17 de abril de 1975.

> *Vide* art. 21 da Lei nº 9.266, de 18.9.1986.
> *Vide* art. 3º da Lei nº 9.402, de 4.5.1987.
> *Vide* art. 4º da Lei nº 10.276, de 19.9.1990.

Art. 46. Os servidores efetivos, no serviço público estadual afastados para o exercício de mandato eletivo serão enquadrados, independentemente da seleção interna, no Quadro Permanente.

Art. 47. As despesas com aplicação desta Lei correrão por conta das dotações orçamentárias próprias.

Art. 48. Esta Lei entra em vigor na data de sua publicação.

Art. 49. Revogam-se as disposições em contrário.

Mando, portanto, a todas as autoridades, a quem o conhecimento e execução desta lei pertencer, que a cumpram e façam cumprir, tão inteiramente como nela se contém.

Belo Horizonte, 23 de dezembro de 1975.

ANEXO I

Secretaria de Estado de Fazenda
Quadro Específico de Cargos de Provimento em Comissão

Classe de Cargos	Código	Símbolo	Quantitativo
Assessor I	AS-1	F5-B	74
Assessor II	AS-2	F7-A	46
Assessor III	AS-3	F7-B	11
Assessor de Orientação Tributária	AS-5	F5-B	5
Assessor Especial	AS-4	F9-A	19
Assessor Fazendário I	AS-6	F4-C	5
Assessor Fazendário II	AS-7	F4-A	4
Assessor Fazendário III	AS-8	F5-A	24
Assessor Técnico Fazendário	AS-10	F6-A	21
Assessor Fiscal (Redação dada pelo art. 51 da Lei Delegada n° 182, de 21.1.2011)	AS-12	F6-B	5
Chefe de Administração Fazendária/1° nível	CH-12	F6-B	8
Chefe de Administração Fazendária/2° nível	CH-13	F5-B	58
Chefe de Administração Fazendária/3° nível	CH-14	F4-B	83
Chefe de Posto de Fiscalização/1° nível	CH-15	F7-A	5
Chefe de Posto de Fiscalização/2° nível	CH-16	F6-B	14
Coordenador	CH-25	F4-A	25
Coordenador Administrativo	CH-26	F4-B	11
Coordenador de Fiscalização	CH-20	F6-B	65
Coordenador Regional I	CH-28	F6-A	38
Coordenador Regional II	CH-29	F6-B	7
Delegado Fiscal/1° nível	CH-10	F7-B	9
Delegado Fiscal/2° nível	CH-11	F7-A	12
Delegado Fiscal de Trânsito/1° nível	CH-30	F7-B	3
Delegado Fiscal de Trânsito/2° nível	CH-31	F7-A	9
Diretor (Redação dada pelo art. 51 da Lei Delegada n° 182, de 21.1.2011)	DS-2	F8-B	9
Gerente de Área I	CH-23	F5-A	130
Gerente de Área II	CH-19	F7-A	25
Gerente de Área III	CH-18	F7-B	20
Superintendente (Redação dada pelo art. 51 da Lei Delegada n° 182, de 21.1.2011)	DS-3	F9-A	3
Superintendente Regional da Fazenda I	DS-5	F8-B	7
Superintendente Regional da Fazenda II	DS-6	F9-A	3
Total			758

Anexo com redação dada pelo Anexo VIII da Lei Delegada nº 182, de 21.1.2011.
Vide art. 53 da Lei Delegada nº 182, de 21.1.2011.
Vide art. 31 da Lei nº 7.164, de 19.12.1977.
Vide art. 9º da Lei Delegada nº 4, de 12.7.1985.
Vide art. 1º da Lei nº 9.180, de 12.6.1986.

Vide art. 41 da Lei nº 11.660, de 2.12.1994.
Vide Lei nº 12.984, de 30.7.1998.
Vide art. 131 e 132 da Lei nº 15.961, de 30.12.2005.
Vide Lei nº 16.192, de 23.6.2006.
Vide art. 1º da Lei Delegada nº 176, de 26.1.2007.
Vide art. 25 da Lei Delegada nº 183, de 26.1.2011.

ANEXO II

Quadro específico de provimento efetivo

Código	Classe	Símbolo de vencimento	Graus	Nº de cargos
TFA-1	Assistente de Tributação e Arrecadação	F-1	A a J	1.800
TFA-2	Agente de Tributação e Fiscalização	F-2	A a J	2.100
TFA-3	Técnico de Tributação e Fiscalização	F-3	A a J	1.600

Vide artigos 14 e 15 da Lei nº 8.178, de 28.4.1982.
Vide art. 1º da Lei nº 9.180, de 12.6.1986.
Vide art. 4º da Lei nº 9.754, de 16.1.1989.
Vide art. 1º da Lei nº 9.933, de 24.7.1989.
Vide art. 41 da Lei nº 11.660, de 2.12.1994.

ANEXO III

Tabela de Vencimentos

Símbolo	Vencimentos (graus)				
	A	B	C	D	E
F-1	2.443,00	2.565,00	2.693,00	2.827,00	2.968,00
F-2	3.764,00	3.952,00	4.149,00	4.356,00	4.573,00
F-3	4.480,00	4.704,00	4.939,00	5.185,00	5.444,00
F-4	5.040,00	5.292,00			
F-5	5.670,00	5.953,00			
F-6	6.378,00	6.696,00			
F-7	7.175,00	7.533,00			
F-8	8.071,00	8.474,00			
F-9	9.087,00				

Símbolo	Vencimentos (graus)				
	F	G	H	I	J
F-1	3.116,00	3.271,00	3.434,00	3.605,00	3.785,00
F-2	4.801,00	5.041,00	5.293,00	5.557,00	5.834,00
F-3	5.716,00	6.001,00	6.301,00	6.616,00	6.946,00
F-4					
F-5					
F-6					
F-7					
F-8					
F-9					

*Os cargos de símbolos F-4 a F-8 têm graus únicos A e B.
**Os cargos de símbolos F-9 têm grau único A.

> Vide art. 3º e anexo único da Lei nº 8.178, de 28.4.1982.
> Vide art. 8º da Lei nº 8.179, de 29.4.1982.

ANEXO IV

a) 4 – Grupo de Execução (EX)

Código	Denominação	Símbolo de vencimento	Nº de cargos
EX-05	Inspetor de Fiscalização	V-45	49
EX-16	Presidente da Junta de Revisão Fiscal	V-45	1
EX-17	Inspetor da Fazenda	V-54	20
EX-19	Vogal da Junta de Revisão Fiscal	V-35	6
EX-20	Vogal de Junta Regional de Revisão Fiscal	V-25	24

b) 2 – Grupo de Nível de 2º Grau de Escolaridade (SG)

Código	Denominação	Símbolo de vencimento	Nº de cargos
SG-13	Técnico de Tributação	V-41 a V-50	1.500
SG-14	Auxiliar de Tributação	V-34 a V-43	2.000

c) 3 – Grupo de Nível de 1º Grau de Escolaridade (PG)

Código	Denominação	Símbolo de vencimento	Nº de cargos
PG-13	Assistente Fazendário	V-24 a V-33	2.000

ANEXO D

Lei nº 15.464, de 13 de janeiro de 2005

Institui as carreiras do Grupo de Atividades de Tributação, Fiscalização e Arrecadação do Poder Executivo e as carreiras de Técnico Fazendário de Administração e Finanças e de Analista Fazendário de Administração e Finanças.

O GOVERNADOR DO ESTADO DE MINAS GERAIS
O Povo do Estado de Minas Gerais, por seus representantes, decretou, e eu, em seu nome, promulgo a seguinte Lei:

CAPÍTULO I
Disposições Gerais

Art. 1º Ficam instituídas, na forma desta Lei, as seguintes carreiras:
I - Auditor Fiscal da Receita Estadual – AFRE;

Vide art. 1º da Lei nº 16.190, de 22.6.2006.

II - Gestor Fazendário – GEFAZ;

Vide art. 1º da Lei nº 16.190, de 22.6.2006.

III - Técnico Fazendário de Administração e Finanças;

Vide art. 1º da Lei nº 16.190, de 22.6.2006.

IV - Analista Fazendário de Administração e Finanças.

Vide art. 1º da Lei nº 16.190, de 22.6.2006.

§1º As carreiras de Auditor Fiscal da Receita Estadual e de Gestor Fazendário integram o Grupo de Atividades de Tributação, Fiscalização e Arrecadação do Poder Executivo.
§2º A estrutura das carreiras instituídas por esta Lei e o número de cargos de cada uma delas são os constantes no ANEXO I.

Vide art. 8º da Lei Delegada nº 176, de 26.1.2007.

Art. 2º Para os efeitos desta Lei, considera-se:
I - grupo de atividades o conjunto de carreiras agrupadas segundo sua área de atuação;
II - carreira o conjunto de cargos de provimento efetivo agrupados segundo sua natureza e complexidade e estruturados em níveis e graus escalonados em função do grau de responsabilidade e das atribuições da carreira;
III - cargo de provimento efetivo a unidade de ocupação funcional do quadro de pessoal privativa de servidor público efetivo, com criação, remuneração, quantitativo, atribuições e responsabilidades definidos em Lei e direitos e deveres de natureza estatutária estabelecidos em Lei complementar;
IV - quadro de pessoal o conjunto de cargos de provimento efetivo e de provimento em comissão de órgão ou de entidade;
V - nível a posição do servidor no escalonamento vertical dentro da mesma carreira, contendo cargos escalonados em graus, com os mesmos requisitos de capacitação e mesma natureza, complexidade, atribuições e responsabilidades;
VI - grau a posição do servidor no escalonamento horizontal no mesmo nível de determinada carreira.

Art. 3º Os cargos das carreiras instituídas por esta Lei são lotados exclusivamente no quadro de pessoal da Secretaria de Estado de Fazenda.

Art. 4º As atribuições gerais dos cargos das carreiras instituídas por esta Lei são as constantes no ANEXO II.
§1º As atribuições específicas dos cargos das carreiras instituídas por esta Lei serão definidas em regulamento.
§2º As atribuições dos cargos das carreiras de Auditor Fiscal da Receita Estadual e de Gestor Fazendário possuem natureza de atividade exclusiva de Estado.
§3º O Auditor Fiscal da Receita Estadual concluirá o trabalho fiscal iniciado, salvo se houver determinação diversa da chefia imediata, comunicada em ordem de serviço.

Art. 5º São vedadas a mudança de lotação de cargos das carreiras instituídas por esta Lei e a transferência de seus ocupantes para os demais órgãos e entidades da Administração Pública estadual.

Art. 6º A cessão de servidor ocupante de cargo das carreiras de que trata esta Lei para órgão ou entidade em que não haja a carreira a que pertence o servidor somente será permitida para o exercício de cargo de provimento em comissão ou função gratificada.
Parágrafo único. O servidor cedido para o exercício de cargo de provimento em comissão ou função gratificada poderá perceber a remuneração a que faria jus no exercício de seu cargo efetivo e as gratificações a qualquer título, incluída aquela prevista no artigo 1º da Lei 16.765, de 12 de julho de 2007, com ônus para o órgão de origem, mediante manifestação expressa do seu titular. (*Acrescentado pelo art. 2º da Lei nº 18.040, de 13.1.2009; Parágrafo renumerado e com redação dada pelo art. 2º da Lei Delegada nº 183, de 26.1.2011*)
§2º (*Revogado pelo art. 2º da Lei Delegada nº 183, de 26.1.2011*)

> Dispositivo revogado:
> "§2º A remuneração a que se refere o §1º abrangerá as gratificações percebidas pelo servidor a qualquer título." (*Parágrafo renumerado e com redação dada pelo art. 2º da Lei nº 18.040, de 13.1.2009*)

Art. 7º Os servidores que, após a publicação desta Lei, ingressarem em cargo de carreira instituída por esta Lei terão carga horária semanal de trabalho de quarenta horas.

§1º As carreiras de Auditor Fiscal da Receita Estadual e de Gestor Fazendário terão regime de dedicação exclusiva, inclusive quando estabelecido o sistema de rodízio de períodos diurnos e noturnos.

§2º Ao servidor submetido ao regime de que trata o §1º deste artigo é vedado o exercício de qualquer outra atividade remunerada, exceto a docência, desde que haja compatibilidade de horário e não implique prejuízo ao desempenho das atribuições de seu cargo.

Art. 8º *(Revogado pelo art. 9º da Lei Delegada nº 176, de 26.1.2007)*

> Dispositivo revogado:
> "Art. 8º Os cargos de provimento em comissão de recrutamento limitado da Secretaria de Estado de Fazenda constantes no Anexo V desta Lei são de livre nomeação e exoneração, observadas as exigências quanto ao cargo ocupado pelo servidor, conforme estabelecido no mesmo anexo."

CAPÍTULO II
Das Carreiras

Seção I
Do Ingresso

Art. 9º O ingresso em cargo de carreira instituída por esta Lei depende de aprovação em concurso público de provas ou de provas e títulos e dar-se-á no primeiro grau do nível inicial da carreira.

Art. 10. O ingresso em cargo de carreira instituída por esta Lei depende de comprovação de habilitação mínima em:
I - nível superior, conforme definido no edital do concurso público, para as carreiras de Auditor Fiscal da Receita Estadual, de Gestor Fazendário e de Analista Fazendário de Administração e Finanças.
II - nível intermediário, conforme definido no edital do concurso público, para a carreira de Técnico Fazendário de Administração e Finanças.
§1º Para fins do disposto nesta Lei, considera-se:
I - nível superior a formação em educação superior que compreende curso ou programa de graduação, na forma da Lei de Diretrizes e Bases da Educação;
II - nível intermediário a formação em ensino médio ou em curso de educação profissional de ensino médio, na forma da Lei de Diretrizes e Bases da Educação.

Art. 11. O concurso público para ingresso nas carreiras instituídas por esta Lei será de caráter eliminatório e classificatório e poderá conter as seguintes etapas sucessivas:
I - provas, ou provas e títulos;
II - prova de aptidão psicológica e psicotécnica;
III - curso de formação técnico-profissional, nos termos de regulamento;
IV - outras etapas a serem definidas em edital, se necessário.
Parágrafo único. As instruções reguladoras do concurso público serão publicadas em edital, que conterá, tendo em vista as especificidades das atribuições do cargo, no mínimo:
I - o número de vagas existentes;
II - as matérias sobre as quais versarão as provas e os respectivos programas;
III - o desempenho mínimo exigido para aprovação nas provas;
IV - os critérios de avaliação dos títulos;
V - o caráter eliminatório ou classificatório de cada etapa do concurso;

VI - os requisitos para a inscrição, com exigência mínima de comprovação pelo candidato:
a) de estar no gozo dos direitos políticos;
b) de estar em dia com as obrigações militares;
VII - a escolaridade mínima exigida para o ingresso na carreira.

Art. 12. Concluído o concurso público e homologados os resultados, a nomeação dos candidatos aprovados obedecerá à ordem de classificação e ao prazo de validade do concurso.
§1º O prazo de validade do concurso será contado a partir da data de sua homologação, respeitados os limites constitucionais.
§2º Para a posse em cargo de provimento efetivo, o candidato aprovado deverá comprovar:
I - cumprimento dos requisitos constantes nos incisos VI e VII do parágrafo único do art. 11;
II - idoneidade e conduta ilibada, nos termos de regulamento;
III - aptidão física e mental para o exercício do cargo, por meio de avaliação médica, nos termos da legislação vigente.

Art. 13. O servidor público ocupante de cargo de provimento efetivo do Poder Executivo do Estado de Minas Gerais que, em razão de concurso público posterior à publicação desta Lei, ingressar em cargo das carreiras instituídas por esta Lei, com jornada equivalente à do cargo de origem, cuja remuneração, incluídos adicionais, gratificações e vantagens pessoais, for superior à remuneração do cargo de carreira instituída por esta Lei, poderá perceber a diferença a título de vantagem pessoal nominalmente identificada, sujeita exclusivamente à revisão geral da remuneração dos servidores estaduais.
Parágrafo único. Para o cálculo da diferença prevista no *caput* deste artigo, não serão computados os adicionais a que se refere o art. 118 do Ato das Disposições Constitucionais Transitórias da Constituição do Estado.

Seção II
Do Desenvolvimento na Carreira

Art. 14. O desenvolvimento do servidor nas carreiras instituídas por esta Lei dar-se-á mediante progressão ou promoção.
Parágrafo único. O servidor somente poderá se desenvolver nas carreiras instituídas por esta Lei por meio de progressão ou promoção se comprovar o preenchimento dos requisitos necessários para tanto, bem como se possuir a escolaridade mínima exigida para o nível ao qual pretende ser promovido.

Art. 15. Progressão é a passagem do servidor do grau em que se encontra para o grau subseqüente, no mesmo nível da carreira a que pertence.
Parágrafo único. Fará jus à progressão o servidor que preencher os seguintes requisitos:
I - encontrar-se em efetivo exercício;
II - ter cumprido o interstício de dois anos de efetivo exercício no mesmo grau;
III - ter recebido duas avaliações periódicas de desempenho individual satisfatórias desde a sua progressão anterior, nos termos das normas legais pertinentes.

Art. 16. Promoção é a passagem do servidor do nível em que se encontra para o nível subseqüente, na carreira a que pertence.
§1º Fará jus à promoção o servidor que preencher os seguintes requisitos:
I - encontrar-se em efetivo exercício;
II - ter cumprido o interstício de cinco anos de efetivo exercício no mesmo nível;
III - ter recebido cinco avaliações periódicas de desempenho individual satisfatórias desde a sua promoção anterior, nos termos das normas legais pertinentes;
IV - comprovar a escolaridade mínima exigida para o nível ao qual pretende ser promovido;
V - (*Revogado pelo art. 29 da Lei nº 16.190, de 22.6.2006*)

Dispositivo revogado:
"V - comprovar participação e aprovação em atividades de formação e aperfeiçoamento, se houver disponibilidade orçamentária e financeira para implementação de tais atividades."

§2º O posicionamento do servidor no nível para o qual for promovido dar-se-á no primeiro grau cujo vencimento básico seja superior ao percebido pelo servidor no momento da promoção.

§3º A progressão e a promoção de que tratam esta lei não se acumulam quando os requisitos de tempo e avaliação de desempenho forem completados simultaneamente para ambas, prevalecendo neste caso, a promoção. (Redação dada pelo art. 20 da Lei nº 16.190, de 22.6.2006)

§4º (Revogado pelo art. 29 da Lei nº 16.190, de 22.6.2006)

Dispositivo revogado:
"§4º A prova de que trata o §3º terá validade de até três anos, nos termos de regulamento."

§5º (Revogado pelo art. 29 da Lei nº 16.190, de 22.6.2006)

Dispositivo revogado:
"§5º O processo de promoção nas carreiras de Auditor Fiscal da Receita Estadual e de Gestor Fazendário será realizado, no máximo, de dois em dois anos, e será definido em regulamento, respeitado o disposto nesta Lei."

§6º (Revogado pelo art. 29 da Lei nº 16.190, de 22.6.2006)

Dispositivo revogado:
"§6º O número de cargos de um mesmo nível das carreiras de Auditor Fiscal da Receita Estadual e de Gestor Fazendário não ultrapassará o limite de 40% (quarenta por cento) do total de cargos da carreira."

§7º (Revogado pelo art. 29 da Lei nº 16.190, de 22.6.2006)

Dispositivo revogado:
"§7º O processo de promoção nas carreiras de Auditor Fiscal da Receita Estadual e de Gestor Fazendário será precedido da apuração do número de vagas disponíveis em cada nível das carreiras, observado o limite estabelecido no §6º deste artigo."

§8º (Revogado pelo art. 29 da Lei nº 16.190, de 22.6.2006)

Dispositivo revogado:
"§8º Se o número de servidores aptos para promoção nas carreiras de Auditor Fiscal da Receita Estadual e de Gestor Fazendário for superior ao número de vagas disponíveis no nível da carreira ao qual pretendem ser promovidos, serão utilizados os seguintes critérios de desempate:
I - a maior média de resultados obtidos nas avaliações de desempenho no respectivo período aquisitivo;

II - a maior pontuação obtida na prova de conhecimento técnico e de legislação tributária a que se refere o §3º deste artigo;
III - o maior tempo de serviço no nível;
IV - o maior tempo de serviço na carreira;
V - o maior tempo de serviço na Secretaria de Estado de Fazenda;
VI - o maior tempo no serviço público estadual;
VII - o maior tempo no serviço público;
VIII - a idade mais avançada."
Vide art. 21 da Lei nº 16.190, de 22.6.2006.

Art. 17. Após a conclusão do estágio probatório, o servidor considerado apto será posicionado no segundo grau do nível de ingresso na carreira.

Art. 18. A contagem do prazo para fins da primeira promoção e da segunda progressão terá início após a conclusão do estágio probatório, desde que o servidor tenha sido aprovado.

Art. 19. Haverá progressão ou promoção por escolaridade adicional, nos termos de decreto, após aprovação da Câmara de Coordenação Geral, Planejamento, Gestão e Finanças, aplicando-se fator de redução ou supressão do interstício de tempo e do quantitativo de avaliações periódicas de desempenho individual satisfatórias necessárias para fins de progressão ou promoção, na hipótese de formação complementar ou superior àquela exigida para o nível em que o servidor estiver posicionado, relacionada com a natureza e a complexidade da respectiva carreira. (*Redação dada pelo art. 20 da Lei nº 16.190, de 22.6.2006*)
Parágrafo único. Os títulos apresentados para aplicação do disposto no *caput* deste artigo poderão ser utilizados uma única vez, sendo vedado seu aproveitamento para fins de concessão de qualquer vantagem pecuniária, salvo para a concessão do Adicional de Desempenho – ADE para os servidores das carreiras de Técnico Fazendário de Administração e Finanças e de Analista Fazendário de Administração e Finanças.

Art. 20. Perderá o direito à progressão e à promoção o servidor que, no período aquisitivo:
I - sofrer punição disciplinar em que seja:
a) suspenso;
b) exonerado ou destituído de cargo de provimento em comissão ou função gratificada que estiver exercendo;
II - afastar-se das funções específicas de seu cargo, excetuados os casos previstos como de efetivo exercício nas normas estatutárias vigentes e em legislação específica.
Parágrafo único. Nas hipóteses previstas no inciso II do *caput* deste artigo, o afastamento ensejará a suspensão do período aquisitivo para fins de promoção e progressão, contando-se, para tais fins, o período anterior ao do afastamento, desde que tenha sido concluída a respectiva avaliação periódica de desempenho individual.

Art. 21. O curso de formação técnico-profissional a que se refere o inciso III do *caput* do art. 11 e as atividades de formação e aperfeiçoamento a que se refere o inciso V do §1º do art. 16 serão desenvolvidos preferencialmente em parceria com a Escola de Governo da Fundação João Pinheiro – FJP.

CAPÍTULO III
Disposições Transitórias e Finais

Art. 22. Os cargos de provimento efetivo de Técnico de Tributos Estaduais lotados na Secretaria de Estado de Fazenda na data de publicação desta Lei ficam transformados em dois mil e cem cargos de provimento efetivo de Gestor Fazendário, ressalvados mil e sessenta e nove cargos vagos de provimento efetivo de Técnico de Tributos Estaduais, que ficam extintos.

Art. 23. Os cargos de provimento efetivo de Agente Fiscal de Tributos Estaduais e de Fiscal de Tributos Estaduais lotados na Secretaria de Estado de Fazenda na data de publicação desta Lei ficam transformados em dois mil e cem cargos de provimento efetivo de Auditor Fiscal da Receita Estadual, ressalvados cem cargos vagos de provimento efetivo de Agente Fiscal de Tributos Estaduais, que ficam extintos.

Art. 24. Os cargos de provimento efetivo de Auxiliar Administrativo, de Auxiliar de Atividade Fazendária e de Técnico Administrativo lotados na Secretaria de Estado de Fazenda na data de publicação desta Lei ficam transformados em setecentos e vinte e seis cargos de provimento efetivo de Técnico Fazendário de Administração e Finanças, ressalvados setenta e sete cargos vagos de provimento efetivo de Auxiliar de Atividade Fazendária, que ficam extintos.

Art. 25. Os cargos de provimento efetivo de Analista de Administração, Analista de Cultura, Analista de Saúde, Analista de Atividade Fazendária, Analista de Comunicação Social e Analista de Planejamento lotados na Secretaria de Estado de Fazenda na data de publicação desta Lei ficam transformados em duzentos e cinqüenta e um cargos de provimento efetivo de Analista Fazendário de Administração e Finanças, ressalvados doze cargos vagos de Analista de Atividade Fazendária, que ficam extintos.

Art. 26. Ficam extintos oito cargos vagos de provimento efetivo de Técnico de Atividade Fazendária lotados na Secretaria de Estado de Fazenda.

Art. 27. A identificação dos cargos de provimento efetivo transformados e extintos por esta Lei será feita em decreto.

Art. 28. Os servidores que, na data de publicação desta Lei, forem ocupantes de cargo de provimento efetivo lotado na Secretaria de Estado de Fazenda serão enquadrados na estrutura estabelecida no ANEXO I, conforme tabela de correlação constante no ANEXO IV.

Art. 29. (*Revogado pelo art. 29 da Lei nº 16.190, de 22.6.2006*)

> Dispositivo revogado:
> "Art. 29. Ao servidor que, na data de publicação desta Lei, for ocupante de cargo de provimento efetivo lotado na Secretaria de Estado de Fazenda será concedido o direito de optar por não ser enquadrado, na forma da correlação estabelecida no item IV.1 do ANEXO IV, na estrutura das carreiras de Auditor Fiscal da Receita Estadual e de Gestor Fazendário, observado o seguinte:
> I - a opção a que se refere o *caput* deverá ser formalizada por meio de requerimento escrito, dirigido ao titular do órgão de lotação do cargo ocupado pelo servidor;
> II - o prazo para a opção a que se refere o *caput* será de noventa dias contados da data da publicação do decreto que estabelecer as regras de posicionamento.
> §1º O servidor que não fizer a opção de que trata o *caput* deste artigo será automaticamente enquadrado e posicionado na estrutura das carreiras instituídas por esta Lei, na forma de regulamento.
> §2º O servidor que optar pelo não-enquadramento, na forma deste artigo, não fará jus às vantagens atribuídas às carreiras instituídas por esta Lei."

Art. 30. (*Revogado pelo art. 29 da Lei nº 16.190, de 22.6.2006*)

Dispositivo revogado:
"Art. 30. Ao servidor ocupante de cargo de provimento efetivo das classes constantes no item IV.2 do ANEXO IV lotado na Secretaria de Estado de Fazenda na data de publicação desta Lei será concedido o direito de optar por:
I - não ser enquadrado, na forma da correlação estabelecida no item IV.2 do ANEXO IV, na estrutura das carreiras de Técnico Fazendário de Administração e Finanças e de Analista Fazendário de Administração e Finanças;
II - ter seu cargo transformado em cargo de provimento efetivo das carreiras de Agente Governamental ou de Gestor Governamental de que trata a Lei que institui as carreiras do Grupo de Atividades de Gestão, Planejamento, Tesouraria, Auditoria e Político-Institucionais, respeitado o nível de escolaridade do cargo de provimento efetivo ocupado pelo servidor na data de publicação desta Lei.
§1º A opção a que se refere o *caput* deverá ser formalizada por meio de requerimento escrito, dirigido ao titular do órgão de lotação do cargo ocupado pelo servidor.
§2º O prazo para a opção a que se refere o *caput* será de noventa dias contados da data da publicação do decreto que estabelecer as regras de posicionamento.
§3º O servidor que não fizer uma das opções de que trata o *caput* será automaticamente enquadrado e posicionado na estrutura das carreiras de Técnico Fazendário de Administração e Finanças ou de Analista Fazendário de Administração e Finanças, conforme a correlação estabelecida no ANEXO IV, na forma de regulamento.
§4º O quantitativo de cargos efetivos das carreiras de Analista Fazendário de Administração e Finanças e de Técnico Fazendário de Administração e Finanças, constante no Anexo I, e os das carreiras de Agente Governamental e de Gestor Governamental, de que trata a Lei que institui as carreiras do Grupo de Atividades de Gestão, Planejamento, Tesouraria, Auditoria e Político-Institucionais, não serão alterados em decorrência das opções a que se refere o *caput*."

Art. 31. (*Revogado pelo art. 29 da Lei nº 16.190, de 22.6.2006*)

Dispositivo revogado:
"Art. 31. Na ocorrência das opções previstas nos arts. 29 e 30, a transformação, nos termos dos arts. 22 a 25 desta Lei, do cargo ocupado pelo servidor em cargo de carreira constante no ANEXO I somente se efetivará após a vacância do cargo original."

Art. 32. (*Revogado pelo art. 29 da Lei nº 16.190, de 22.6.2006*)

Dispositivo revogado:
"Art. 32. Fica assegurado ao servidor que for enquadrado nas carreiras instituídas por esta Lei, nos termos do art. 28, bem como ao que fizer as opções de que tratam os arts. 29 e 30, o direito previsto no art. 115 do Ato das Disposições Constitucionais Transitórias da Constituição do Estado."

Art. 33. As tabelas de vencimento básico das carreiras instituídas por esta Lei serão estabelecidas em lei, observada a estrutura prevista no ANEXO I.
§1º A lei que fixar as tabelas de vencimento básico estabelecerá os critérios para a parcela variável da remuneração das carreiras de Auditor Fiscal da Receita Estadual e de Gestor Fazendário e assegurará uma política remuneratória equânime para essas duas carreiras.
§2º O vencimento básico dos cargos das carreiras de Técnico Fazendário de Administração e Finanças e de Analista Fazendário de Administração e Finanças, fixado em tabelas distintas, será proporcional à carga horária de trabalho do servidor.

Art. 34. (*Revogado pelo art. 29 da Lei nº 16.190, de 22.6.2006*)

> Dispositivo revogado:
> "Art. 34. As regras de posicionamento decorrentes do enquadramento a que se refere o art. 28 serão estabelecidas em decreto, após a publicação da lei de que trata o art. 33, e abrangerão critérios que conciliem:
> I - a escolaridade do cargo de provimento efetivo ocupado pelo servidor;
> II - o tempo de serviço no cargo de provimento efetivo transformado por esta Lei;
> III - o vencimento básico do cargo de provimento efetivo percebido pelo servidor na data de publicação do decreto a que se refere o *caput* deste artigo;
> IV - a remuneração percebida pelo servidor.
> §1º As regras de posicionamento não acarretarão redução da remuneração percebida pelo servidor na data de publicação do decreto que as estabelecer.
> §2º O texto do decreto que estabelecer as regras de posicionamento ficará disponível, para consulta pública, na página da SEPLAG na internet, durante, pelo menos, os quinze dias anteriores à data de sua publicação, após notícia prévia no órgão oficial de imprensa do Estado."

Art. 35. (*Revogado pelo art. 29 da Lei nº 16.190, de 22.6.2006*)

> Dispositivo revogado:
> "Art. 35. Os atos de posicionamento dos servidores ocupantes de cargo de provimento efetivo decorrentes do enquadramento de que trata o art. 28 somente ocorrerão após a publicação da Lei que estabelecer as tabelas de vencimento básico das carreiras instituídas por esta Lei, bem como do decreto a que se refere o art. 34.
> §1º Os atos de posicionamento a que se refere o *caput* deste artigo somente produzirão efeitos após sua publicação.
> §2º Enquanto não ocorrer a publicação dos atos de posicionamento de que trata o *caput* deste artigo, será mantido o valor do vencimento básico percebido pelo servidor ocupante de cargo das carreiras instituídas por esta Lei na data da publicação do decreto que estabelecer as regras de posicionamento, acrescido das vantagens previstas na legislação vigente.
> §3º Os atos de posicionamento a que se refere o *caput* deste artigo serão formalizados por meio de resolução conjunta do Secretário de Estado de Fazenda e do Secretário de Estado de Planejamento e Gestão."

Art. 36. O cargo correspondente à função pública a que se refere a Lei nº 10.254, de 20 de julho de 1990, cujo detentor tiver sido efetivado em decorrência do disposto nos arts. 105 e 106 do Ato das Disposições Constitucionais Transitórias da Constituição do Estado será transformado em cargo das Carreiras de Técnico Fazendário de Administração e Finanças e de Analista Fazendário de Administração e Finanças, observada a correlação estabelecida no ANEXO IV desta Lei.
§1º Os cargos resultantes da transformação de que trata o *caput* deste artigo serão extintos com a vacância.
§2º (*Revogado pelo art. 29 da Lei nº 16.190, de 22.6.2006*)

> Dispositivo revogado:
> "§2º Aplicam-se ao detentor do cargo a que se refere o *caput* deste artigo as regras de enquadramento e posicionamento de que tratam os arts. 28 e 34."

§3º (*Revogado pelo art. 29 da Lei nº 16.190, de 22.6.2006*)

> Dispositivo revogado:
> "§3º O detentor de função pública a que se refere a Lei nº 10.254, de 1990, que não tenha sido efetivado será enquadrado na estrutura das carreiras de Técnico Fazendário de Administração e Finanças e de Analista Fazendário de Administração e Finanças apenas para fins de percepção do vencimento básico correspondente ao nível e ao grau em que for posicionado, observadas as regras de enquadramento e posicionamento a que se referem os arts. 28 e 34 e mantida a identificação como 'função pública', com a mesma denominação do cargo em que for posicionado."

§4º A função pública de que trata o §3º deste artigo será extinta com a vacância.

§5º O quantitativo dos cargos a que se refere o §1º e das funções públicas de que trata o §3º deste artigo é o constante no ANEXO III desta Lei.

Art. 37. (*Revogado pelo art. 29 da Lei nº 16.190, de 22.6.2006*)

> Dispositivo revogado:
> "Art. 37. O servidor inativo será enquadrado na estrutura das carreiras instituídas por esta Lei, na forma da correlação constante no ANEXO IV, apenas para fins de percepção do vencimento básico correspondente ao nível e ao grau em que for posicionado, observadas as regras de posicionamento estabelecidas para os servidores ativos, levando-se em consideração, para tal fim, o cargo ou a função em que se deu a aposentadoria.
> Parágrafo único. Ao servidor inativo fica assegurado o direito às opções de que tratam os art. 29 e 30 desta Lei, com as mesmas regras estabelecidas para o servidor ativo."

Art. 38. Fica mantida a carga horária semanal de trabalho dos servidores que, na data de publicação desta Lei, forem ocupantes de cargos de provimento efetivo transformados em cargos das carreiras instituídas por esta lei.

§1º Aplica-se o disposto no caput deste artigo aos servidores que, na data de publicação desta Lei, forem detentores de função pública.

§2º A carga horária semanal de trabalho de que trata o *caput* deste artigo é de:

I - quarenta horas, sob regime de dedicação exclusiva, inclusive quando estabelecido o sistema de rodízio de períodos diurnos e noturnos, para os servidores que tiverem seus cargos transformados em cargos das carreiras de Auditor Fiscal da Receita Estadual e de Gestor Fazendário;

II - trinta ou quarenta horas, para os servidores que tiverem seus cargos transformados em cargos das carreiras de Técnico Fazendário de Administração e Finanças e de Analista Fazendário de Administração e Finanças, conforme a situação de cada servidor na data de publicação desta Lei.

Art. 39. Esta Lei entra em vigor na data de sua publicação.

Belo Horizonte, 13 de janeiro de 2005.

ANEXO I

Estruturas das Carreiras do Grupo de Atividades de Tributação, Fiscalização e Arrecadação do Poder Executivo e das Carreiras de Técnico Fazendário de Administração e Finanças e de Analista Fazendário de Administração e Finanças.

I.1 - Auditor Fiscal da Receita Estadual – AFRE
Carga horária semanal de trabalho: 40 horas

Nível	Quantidade	Nível de escolaridade	Grau				
			A	B	C	D	E
I	2.100	Superior	I-A	I-B	I-C	I-D	I-E
II			II-A	II-B	II-C	II-D	II-E
III			III-A	III-B	III-C	III-D	III-E

Nível	Quantidade	Nível de escolaridade	Grau				
			F	G	H	I	J
I	2.100	Superior	I-F	I-G	I-H	I-I	I-J
II			II-F	II-G	II-H	II-I	II-J
III			III-F	III-G	III-H	III-I	III-J

I.2 - Gestor Fazendário – GEFAZ
Carga horária semanal de trabalho: 40 horas

Nível	Quantidade	Nível de escolaridade	Grau									
			A	B	C	D	E	F	G	H	I	J
T	2.100	Superior	T-A	T-B	T-C	T-D	T-E	T-F	T-G	T-H	T-I	T-J
I			I-A	I-B	I-C	I-D	I-E	I-F	I-G	I-H	I-I	I-J
II			II-A	II-B	II-C	II-D	II-E	II-F	II-G	II-H	II-I	II-J
III			III-A	III-B	III-C	III-D	III-E	III-F	III-G	III-H	III-I	III-J
IV			IV-A	IV-B	IV-C	IV-D	IV-E	IV-F	IV-G	IV-H	IV-I	IV-J

(Item com redação dada pelo art. 23 da Lei nº 16.190, de 22.6.2006)

I.3 - Técnico Fazendário de Administração de Finanças
Carga horária semanal de trabalho: 30 ou 40 horas

Nível	Quantidade	Nível de escolaridade	Grau				
			A	B	C	D	E
I	726	Intermediário	I-A	I-B	I-C	I-D	I-E
II			II-A	II-B	II-C	II-D	II-E
III			III-A	III-B	III-C	III-D	III-E
IV		Superior	IV-A	IV-B	IV-C	IV-D	IV-E
V			V-A	V-B	V-C	V-D	V-E

Nível	Quantidade	Nível de escolaridade	Grau				
			F	G	H	I	J
I	726	Intermediário	I-F	I-G	I-H	I-I	I-J
II			II-F	II-G	II-H	II-I	II-J
III			III-F	III-G	III-H	III-I	III-J
IV		Superior	IV-F	IV-G	IV-H	IV-I	IV-J
V			V-F	V-G	V-H	V-I	V-J

Vide art. 25 da Lei nº 16.190, de 22.6.2006.

I.4 - Analista Fazendário de Administração e Finanças
Carga horária semanal de trabalho: 30 ou 40 horas

Nível	Quantidade	Nível de escolaridade	Grau				
			A	B	C	D	E
I	251	Superior	I-A	I-B	I-C	I-D	I-E
II			II-A	II-B	II-C	II-D	II-E
III			III-A	III-B	III-C	III-D	III-E
IV			IV-A	IV-B	IV-C	IV-D	IV-E
V			V-A	V-B	V-C	V-D	V-E

Nível	Quantidade	Nível de escolaridade	Grau				
			F	G	H	I	J
I	251	Superior	I-F	I-G	I-H	I-I	I-J
II			II-F	II-G	II-H	II-I	II-J
III			III-F	III-G	III-H	III-I	III-J
IV			IV-F	IV-G	IV-H	IV-I	IV-J
V			V-F	V-G	V-H	V-I	V-J

ANEXO II

Atribuições Gerais dos Cargos das Carreiras do Grupo de Atividades de Tributação, Fiscalização e Arrecadação do Poder Executivo e das Carreiras de Técnico Fazendário de Administração e Finanças e de Analista Fazendário de Administração e Finanças.

II.1 - Auditor Fiscal da Receita Estadual – AFRE
Em caráter geral, as atribuições da Secretaria de Estado de Fazenda, especialmente as relativas às atividades de competência da Subsecretaria da Receita Estadual – SRE.
(*Redação dada pelo art. 3º da Lei nº 18.040, de 13.1.2009*)
Em caráter privativo:
a) constituir, mediante lançamento, o crédito tributário, aplicar penalidades e arrecadar tributos;
b) executar procedimentos fiscais objetivando verificar o cumprimento das obrigações tributárias pelo sujeito passivo, praticando todos os atos definidos na legislação específica, incluídos os relativos à apreensão de mercadorias, livros, documentos e arquivos e meios eletrônicos ou quaisquer outros bens e coisas móveis necessárias a comprovação de infração à legislação tributária;
c) exercer controle sobre atividades dos contribuintes inscritos ou não no cadastro de contribuinte e no cadastro de produtor rural da SEF;
d) elaborar pareceres que envolvam matérias relacionadas à fiscalização;
e) proceder à orientação do contribuinte no tocante aos aspectos fiscais;
f) atuar em perícias fiscais;
g) atuar no Conselho de Contribuintes na condição de conselheiro indicado pela SEF;
h) executar os procedimentos de formação e instrução de auto de notícia-crime;
i) exercer a fiscalização de outros tributos que não os instituídos pelo Estado cuja competência lhe seja delegada por ente tributário, mediante convênio.

II.2 - Gestor Fazendário – GEFAZ
Em caráter geral, as atribuições da Secretaria de Estado de Fazenda não privativas do Auditor Fiscal, em particular as atribuições relativas às atividades de competência da

Subsecretaria da Receita Estadual – SRE, especialmente: *(Redação dada pelo art. 3º da Lei nº 18.040, de 13.1.2009)*
a) desenvolver atividades técnicas especializadas na área da arrecadação e tributação, inclusive:
1 - de controle do processo de arrecadação;
2 - de controle administrativo das atividades sujeitas a tributação;
3 - de estudos e pesquisas com base nas informações fiscais e tributárias;
4 - de estudos para elaboração da legislação tributária;
5 - de controle e de cobrança do crédito tributário declarado ou constituído;
b) desenvolver atividades preparatórias à ação fiscalizadora, sob supervisão do Auditor Fiscal da Receita Estadual, inclusive em regime de plantão no Posto de Fiscalização;
c) auxiliar o Auditor Fiscal da Receita Estadual no desempenho de suas atribuições privativas, estendendo-se ao sistema de plantão, inclusive nos Postos de Fiscalização;
d) desenvolver atividades relativas à execução, acompanhamento e controle:
1 - da manutenção de informações cadastrais, inclusive realizando diligências que não caracterizem procedimento de fiscalização, na forma de regulamento;
2 - da tramitação de PTA;
3 - da cobrança administrativa, do parcelamento e da liquidação do crédito tributário declarado ou constituído;
4 - da participação do município no VAF;
5 - da avaliação e cálculo do ITCD, na forma de regulamento;
6 - de outras rotinas inerentes à administração fazendária;
e) elaborar pareceres que envolvam matérias relacionadas à arrecadação e à tributação.

II.3 - Técnico Fazendário de Administração e Finanças
Executar as tarefas relativas ao controle orçamentário e financeiro, sob a coordenação e orientação das unidades responsáveis; desenvolver as atividades de controle de pessoal, do patrimônio e de materiais, conforme normas estabelecidas pelas unidades responsáveis; executar tarefas de natureza administrativa, incluindo atendimento ao público, organização e manutenção de cadastros e outros instrumentos de controle administrativo e dar o apoio logístico necessário ao desenvolvimento das atividades de tributação, fiscalização, arrecadação e finanças da Secretaria de Estado de Fazenda.

II.4 - Analista Fazendário de Administração e Finanças
Desempenhar as atividades inerentes à competência da Subsecretaria do Tesouro Estadual, especialmente emitir pareceres e apresentar relatórios de trabalho; realizar pesquisas, estudos, análises, planejamento, implantação, supervisão, coordenação e controle de trabalho; elaborar projetos e planos e implementar sua execução; exercer atividades inerentes às competências da unidade em que estiver lotado, compatíveis com o grau de escolaridade exigido para o nível do cargo.

ANEXO III

Quantitativo dos cargos resultantes de efetivação pela Emenda Constitucional nº 49, de 13 de junho de 2001, e das funções públicas não efetivadas da SEF

Cargo ou função pública	Quantitativo
Técnico Fazendário de Administração e Finanças	202
Analista Fazendário de Administração e Finanças	57
Total	259

ANEXO IV

Tabelas de Correlação das Carreiras do Grupo de Atividades de Tributação, Fiscalização e Arrecadação do Poder Executivo e das Carreiras de Técnico Fazendário de Administração e Finanças e de Analista Fazendário de Administração e Finanças.

IV.1 - Grupo de Atividades de Tributação, Fiscalização e Arrecadação do Poder Executivo

Situação anterior à publicação desta Lei			Situação a partir da publicação desta Lei		
Cargo	Nível de Escolaridade da Classe	Órgão	Cargo	Escolaridade do Cargo	Níveis
Técnico de Tributos Estaduais	Superior	SEF	Gestor Fazendário – GEFAZ	Superior	I II III
Agente Fiscal de Tributos Estaduais	Superior		Auditor Fiscal da Receita Estadual – AFRE	Superior	I II III
Fiscal de Tributos Estaduais					

IV.2 - Carreiras de Técnico Fazendário de Administração e Finanças e de Analista Fazendário de Administração e Finanças

Vide art. 23 da Lei nº 15.788, de 27.10.2005.

(Continua)

Situação anterior à publicação desta Lei			Situação a partir da publicação desta Lei	
Classe	Nível de escolaridade da classe	Órgão	Carreira	Escolaridade dos níveis da carreira
Auxiliar Administrativo; Auxiliar de Administração; Auxiliar de Atividade Fazendária; Auxiliar de Contabilidade; Auxiliar do Trabalho e da Assistência Social à Criança e ao Adolescente; Função Pública de Segundo Grau; Técnico Administrativo; Técnico de Atividade Fazendária.	Intermediário	SEF	Técnico Fazendário de Administração e Finanças	Intermediário

(Conclusão)

Situação anterior à publicação desta Lei			Situação a partir da publicação desta Lei	
Classe	Nível de escolaridade da classe	Órgão	Carreira	Escolaridade dos níveis da carreira
Analista da Administração; Analista da Cultura; Analista da Saúde; Analista de Atividade Fazendária; Analista de Comunicação Social; Analista de Planejamento; Função Pública de Nível Superior; Advogado.	Superior	SEF	Analista Fazendário de Administração e Finanças	Superior

Vide art. 50 da Lei nº 16.192, de 23.6.2006.

ANEXO V

(*Revogado pelo art. 9º da Lei Delegada nº 176, de 26.1.2007*)

Dispositivo revogado:

ANEXO V

Quadro de Cargos de Provimento em Comissão de Recrutamento Limitado das Carreiras do Grupo de Atividades de Tributação, Fiscalização e Arrecadação do Poder Executivo.

(Continua)

Código	Denominação	Símbolo/grau	Unidade de exercício	Cargo exigido
DS-3	Diretor II	F-9, A	SUFIS e SCT	AFRE
DS-3	Diretor II	F-9, A	SAIF e SUTRI	AFRE ou GEFAZ
DS-2	Diretor I	F-8, B	DPAF/SUFIS; DGP/SUFIS; DCRCT/SCT	AFRE
DS-2	Diretor I	F-8, B	DLT/SUTRI; DOET/SUTRI; DICAT/SAIF; DINF/SAIF; DCGC/SCT	AFRE ou GEFAZ
DS-1	Superintendente Regional da Fazenda	F-8, B	Todas	AFRE
AS-4	Assessor Especial	F-9, A	Gabinete	AFRE ou GEFAZ
AS-3	Assessor III	F-7, B	Todas	AFRE ou GEFAZ
AS-2	Assessor II	F-7, A	Todas	AFRE ou GEFAZ
AS-1	Assessor I	F-5, B	Todas	AFRE ou GEFAZ

(Conclusão)

Código	Denominação	Símbolo/grau	Unidade de exercício	Cargo exigido
AS-5	Assessor de Orientação e Tributação	F-5, B	SUTRI	AFRE ou GEFAZ
AS-10	Assessor Técnico Fazendário	F-6, A	Todas	AFRE ou GEFAZ
AS-8	Assessor Fazendário III	F-5, A	Todas	GEFAZ
AS-7	Assessor Fazendário II	F-4, A	Todas	GEFAZ
AS-6	Assessor Fazendário I	F-4, C	Todas	GEFAZ
EX-3	Inspetor Regional	F-6, A	Todas	AFRE ou GEFAZ
EX-12	Auditor Fiscal	F-6, B	Todas	AFRE
CH-10	Delegado Fiscal/1º Nível	F-7, B	Todas	AFRE
CH-11	Delegado Fiscal/2º Nível	F-7, A	Todas	AFRE
CH-20	Coordenador de Fiscalização	F-6, B	Todas	AFRE
CH-12	Chefe de Af/1º Nível	F-6, B	Todas	GEFAZ
CH-13	Chefe de Af/2º Nível	F-5, B	Todas	GEFAZ
CH-14	Chefe de Af/3º Nível	F-4, B	Todas	GEFAZ
CH-15	Chefe de Posto de Fiscalização/1º Nível	F-7, A	Todas	AFRE
CH-16	Chefe de Posto de Fiscalização/2º Nível	F-6, B	Todas	AFRE
CH-17	Chefe de Posto de Fiscalização/3º Nível	F-6, A	Todas	AFRE
CH-18	Gerente de Área III	F-7, B	Todas	AFRE ou GEFAZ
CH-19	Gerente de Área II	F-7, A	Todas	AFRE ou GEFAZ
CH-23	Gerente de Área I	F-5, A	Todas	GEFAZ
CH-25	Coordenador	F-4, A	Todas	GEFAZ
EX-5	Inspetor da Fazenda	F-7, A	Todas	AFRE ou GEFAZ

Esta obra foi composta em fonte Palatino Linotype, corpo 10
e impressa em papel Offset 75g (miolo) e Supremo 250g (capa)
pela Artes Gráficas Formato Ltda.
Belo Horizonte/MG, outubro de 2012.